Della's Photo

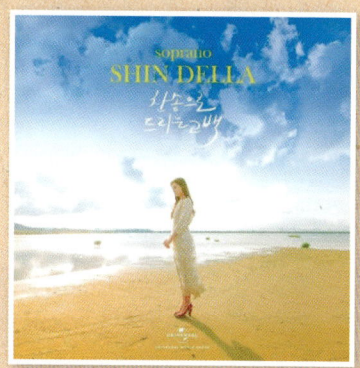

My Friends

'하나님은 그냥 하나님이에요'

'하나님은 그냥 하나님이에요'

DIO È SEMPLICEMENTE DIO

신델라 지음

가나북스

목차

화보(저자 활동사진) ······································ 3
출판사 서평 ·· 26
들어가는 글 ·· 31

1부 ·· 34

1. 우리 델라 또 부흥회 하네 · 36
2. 생애 첫 피아노 연주, 결혼행진곡 · 38
3. 안녕하세요~! · 40
4. 여호와 이레 · 42
5. 내 첫 데뷔 무대, 장기자랑 · 44
6. KBS 어린이 합창단 할래? · 46
7. 하나님이 주신 지혜, 그분께 영광을 돌리던 첫 순간 · 49
8. 하나님께 영광을 돌린 그 후 · 54
9. 하나님께 받은 어린이날 선물 · 55
10. 어린 나를 향한 하나님의 계획 · 59

2부 ——————————————— 62

1. 중학교 신고식 · 64
2. 아름다운 교정, 순수한 여중생들 · 65
3. 매기의 추억 · 69
4. 하나님의 관점에서의 합격과 불합격 · 70
5. 세상의 방법이 아닌 기도 · 75
6. 기도 응답과 성장통 · 77
7. 청천벽력 같은 소식 · 80
8. 미국에서 걸려온 전화 · 83
9. 내 목소리의 방향성 · 89

3부 ——————————————— 92

1. 꿈에 그리던 캠퍼스 생활 · 94
2. 생애 첫 아웃리치 · 95
3. 노래, 그냥 부르는데요 · 98
4. 대학교 2학년, 오페라 여주인공 데뷔 · 102
5. 결절은 하나님의 도구 · 104

4부

1. 하나님께 올려드리는 편지 · 110
2. 첫 독립 그리고 나만의 룰 · 114
3. 로마에서의 기적 · 119
4. 병원에서의 시간 · 125
5. 007작전 같았던 입시, 그리고 합격 · 128
6. 꿈에 그리던 싼타체칠리아 국립음악원 · 132
7. 작은 일에 충성된 자여, 네게 큰 일을 맡기겠노라 · 135
8. 천사를 만난 순간 · 139
9. 나에게 로마란? · 148
10. 졸업 · 152

5부 — 158

1. 제가 좀 쉬어야 할 것 같아요 · 160
2. 처음으로 경험해본 무대에서의 은혜 · 161
3. 하나님께 받은 생일 선물 · 163
4. 홀로서기 · 165
5. 좌충우돌 성장기 · 167
6. 나도 모르는 내 길 · 174
7. 음반 제작자로 데뷔 · 179
8. 작사가 신델라 · 182
9. 신델라의 WITH YOU 그리고 나의 TEAM 델라벨라 · 190

6부 — 198

1. 인도하심, 가랑비 옷 젖듯이 · 200
2. 찬송으로 드리는 고백 · 201
3. 섬세하신 하나님 · 206
4. 세상에서 훈련받아 안으로 들어가다 · 209
5. 만남의 축복 · 212
6. 너는 날 위해 무엇을 했니 · 215
7. 찬양콘서트, 국립극장에 서다 · 219
8. 따뜻한 음악을 세상에 나누다 · 225

에필로그 — 230

출판사 서평

신앙의 명문 가문이 빚어낸 성악가 신델라의 감사 고백서!!

    신델라 작가가 쓴 원고를 받아 읽고 난 느낌은 '세상에 나기 전부터 준비된 성악가'라고밖에 달리 표현할 방법이 없다. 이런 신델라 성악가를 사용하시는 하나님이 저자에게는 어떠한 하나님으로 다가오셨을까!, 그리고 그렇게 준비된 신 작가를 어떻게 사용하고 계시는가를 책으로 표현하여 그 하나님을 마음껏 자랑하고, 소개하고 싶어 저자에게 망설임 없이 출판 제안을 요청하게 되었다.

    흔히, 간증자의 삶은 고난, 역경, 시련, 아픔, 결핍, 상실, 가난, 질병..등 속에서 인내, 성실, 노력, 대가의 지불, 연단, 극복..등을 통해 역전의 주인공이 된 삶의 내용으로 요약해 볼 수 있다. 하지만, 필자는 그러한 삶과는 동떨어진 차별화된 어쩌면 유별나게 구별된 사람이다.

그렇다고 저자는 노력하지 않고, 그저 타고난 재능만을 가지고 작가의 자리에까지 이르렀다는 말은 결코 아니다. 학창 시절에는 그 누구보다도 학업에만 전념했고 훌륭한 성악가가 되기 위해 성실함과 부단한 노력으로 묵묵히 그 길을 달려왔다. 무엇보다 그의 내면에는 오직 예수그리스도의 복음으로 가득 차 있었기에 이 책을 통해서도 당당하게 말할 수 있는 것이다.

그 증거로, 세계 최고의 이탈리아 산타체칠리아 국립음악원을 내로라하는 성악가들도 5년 과정을 거쳐 왔지만, 저자는 2년 만에 마치게 된 사실 하나만 보아서도 짐작해 볼 수 있다. 이는 남다른 실력이 있어야 하고, 피나는 노력이 있어야 하고, 성실함을 인정받는 모범이 된 학생에게나 월반 자격이 주어지는 것 아니겠는가! 게다가 필자는 신실한 신앙까지 겸비하고 있으니, 하나님께서도 기쁘게 보셨을 것이다. 이것이 진정한 그리스도인의 품격이고, 자질이고, 자존감이다.

이 책은 한마디로 '〈신앙의 명문 가문이 빚어낸 성악가 신델라의 감사 고백서〉'이다. 언제나 저자의 입에서는 감사와 은혜라는 고백이 자연스럽게 흘러나온다. 어쩌면 은혜와 감사가 필자가 살아가고 있는 삶 전체의 모습일지도 모른다.

대학 시절, "델라, 너는 노래를 어떻게 부르니?"라는 지도교수의 첫 질문에 "그냥 부르는데요."라고 당차게 대답을 했다는 말이 저자의 솔직한 고백서의 내면이다. 노래를 어떤 방법으로 부르냐는 질문에 호흡을 어떻게 쓰고, 소리는 어떻게 내는지에 대한 자세한 설명 대신 그냥 부른다는 예상치 못한 단답형에 지도교수는 당황했고 듣는 선배들에게 웃음을 자아내게 했다. 결국, 지도교수는 "델라 얘는 타고났어!!"라는 대답을 할 수밖에 없었던 것이다. 필자는 말하기를 "사실 아직도 나는 노래를 어떻게 부르는지 잘 모른다. 그냥 반주에 맞춰 노래를 부를 뿐이다."고 고백한다.

맞는 말이다. "타고났다"라는 말은 태어날 때부터 하나님께 천부적 음성과 뛰어난 음악적 재능의 DNA를 거저 받았다는 말이다.

또한, 신델라 작가는 기본이 몸에 잘 배어 있는 믿음의 사람이다. 그 기본이 바로, 새벽기도이다. 언제 어디서든 새벽기도를 우선순위로 정해놓았다. 첫 해외 생활의 이탈리아 유학 시절 때에도 새벽예배로 시작했고 그 새벽기도는 귀국하는 날까지 쉬지 않았다고 한다. 이는 외가 4대, 친가 3대째 기독 가문에서 태어났고 믿음이 신실하신 부모(장로, 권사)님 교육 아래 어릴 적부터 새벽기도는 친숙해 있었던 때문이라고 말한다.

이뿐만이 아니다. 필자의 '새신자초청' 단독콘서트에서는 초청자

86명에 70명 결신, 120명 초청에 80명 결신, 1,000명 초청에 860명이 결신 하게 되는 기적 같은 일이 벌어졌다. 이는 어느 유능한 전도 부흥강사의 집회에서도 이뤄내기 어려운 일이다.

작가에게 "하나님은 어떤 분이세요"라고 질문했을 때 "하나님은 그냥 하나님이에요"라고 대답하는 이것이야말로 그리스도인의 본질적인 태도이고 가치이다.

이처럼, 믿음의 명문 가문이 이뤄지기까지는 오랜 세월 한결같은 눈물의 기도가 쌓여 이루어진다는 증거이기도 하다.

이 책을 출판하게 된 또 다른 동기도 이러한 타고난 성악가가 있기까지에는 거저 탄생 되는 것이 아니라는 사실을 알리고 싶어서이다. 그것은 뭔가가 '달라야 한다'라고 말하고 싶다. (민4:24)"그러나 내 종 갈렙은 그 마음이 그들과 달라서 나를 온전히 따랐은즉 그가 갔던 땅으로 내가 그를 인도하여 들이리니 그의 자손이 그 땅을 차지하리라" 이처럼, 갈렙은 마음의 생각, 입술의 말, 보는 눈이 달랐다. 이처럼 신델라 작가는 '신앙 명문 가문'의 딸로서 그 모든 품격이 확실히 남다르다.

원고를 읽고 난 후 필자를 낳은 부모님의 자랑스런 성품을 알게 됐다. "왕대밭에 왕대 난다"는 속담처럼 왕대는 처음부터 그 통의 크기가 정해진다고 한다. '그 엄마, 아빠에 그 딸'이다.

　신델라 성악가를 대부분의 사람들은 신실한 크리스천이라는 사실을 모를지도 모른다. 심지어 '신델라'라는 이름이 본명이 아닌 일반 연예인처럼 예명을 쓰는 것으로 생각하는 사람이 있을 것이다. 단독 '콘서트'나 '찬양간증집회'같은 무대에서 직접 듣지 않으면 알 수 없다. 또한, 열린음악회나 유튜브 등에서 신델라 성악가로 소개되어 부르는 노래를 시청하는 분들은 무대의 특성상 "목소리가 예쁘다, 노래를 잘 부른다, 청중의 마음을 압도한다.."는 등의 통상적인 수준으로밖에 평가할 수 없다.

　이제는 무대의 성악가를 넘어 사실을 바탕으로, 글로 써 표현한 믿음의 고백서인 〈하나님은, 그냥 하나님이에요〉를 독자들과 함께 나누게 되어 출판인의 한사람으로서 기쁘게 생각하며 하나님께 감사와 영광을 올려드린다. 이 책이 독자 누구에게나 큰 도전과 감동을 선물해 줄 유익한 책이 될 것이라고 평하고 싶다.

들어가는 말

사회에 나와 처음 만나는 사람들에게 제일 먼저 받는 질문은 "혹시 본명이세요?!"이다.

나는 한결같이 이렇게 대답한다.

"네~! 태어났을 때부터 신델라였어요. 본명 맞아요."

거짓말처럼 들리겠지만 어릴 적부터 이름 가지고 놀림을 받아본 적은 한 번도 없었다. 생각해 보면 그 무렵 친구들에게 참 고맙다. 이름을 가지고 놀리긴커녕 "내 이름은 왜 너처럼 안 예쁘지?", "왜 내 이름은 흔하지?", "나도 너처럼 예쁜 이름 갖고 싶어!"라며 부러워했었다. 다른 별명 없이 늘 "델라야~!" 라고 불러준 친구들 덕분에 성악가가 되어 활동하면서도 "본명이세요?"라고 물어보는 이 질문은 오히려 당황스럽고 낯설게 다가왔다. '당연히 본명인데 왜 자꾸 이걸 물어볼까? 하나도 예명 같지 않은데..' 활동 초기에는 이 질문이 의아하게 다가왔었다.

부모님은 내가 구김 없이 밝게 자라길 기도하셨다고 한다. 기도 덕분에 주변에는 늘 좋은 사람들이 함께했다. 어린 시절 행복하게 보낼 수 있었던 것도, 이탈리아 유학 시절을 외롭지 않게 보낼 수 있었던 것도, 소프라노로 활동하면서 크고 작은 벽들을 하나하나 넘을 수 있었던 것도, 회사를 만들어 내가 원하는 음악 활동을 할 수 있었던 것도.. 이 모든건 부모님의 기도가 없었다면 감히 내가 누릴수 없는 축복이었다.

이 모든 것이 나의 능력과 자랑이 아니라, 하나님께서 부모님의 기도를 들어주시고 할머니, 할아버지께서 쌓아두신 기도 덕분에 받은 축복이란 것을 그 누구보다 내가 제일 잘 알고 있다.

서로 일면식도 없는 모 장로님께서 내가 출연했던 CTS TV 〈내가 매일 기쁘게〉를 보시고 내 이야기를 책으로 내면 좋겠다고 연락을 주셨을 때는 그저 막연했다. 책을 써 보겠다고 대답은 했지만, 막상 쓰려니 겁이 났다. '내가 책을 쓰는 게 맞을까'라는 고민도 수없이 했었다. 그런 나에게 방송에 나와서 얘기했던 내용 그대로를 글로 표현하면 된다고 용기를 주셨고 그 덕분에 이 책을 시작할 수 있었다.

이제 나는 할 수 없으니 하나님께 지혜를 구하며 한 자 한 자 써 내려가려 한다.

"나의 나 된 것은 모두 하나님의 은혜"(고전15:10)임을 고백하며 오직 주님만을 자랑하기 위해 이 책을 쓴다.

- 신 델 라

1부

1. 우리 델라 또 부흥회 하네
2. 생애 첫 피아노 연주, 결혼행진곡
3. 안녕하세요~!
4. 여호와 이레
5. 내 첫 데뷔 무대, 장기자랑
6. KBS 어린이 합창단 할래?
7. 하나님이 주신 지혜, 그분께 영광을 돌리던 첫 순간
8. 하나님께 영광을 돌린 그 후
9. 하나님께 받은 어린이날 선물
10. 어린 나를 향한 하나님의 계획

1. 우리 델라 또 부흥회 하네

"아이구~ 우리 델라 또 부흥회 하네!"

혼자 힘으로는 아직 서 있을 수도 없었던 아기 시절, 나는 내 허리 높이쯤 오는 우리 집 거실 창틀을 잡고 일어서서, 창밖을 바라보며 한 손으로 나무 창틀 넓은 면적을 아래, 위로 치며 알아들을 수 없는 음가로 흥얼거렸다고 한다. 그렇게 자주 노래(?)하는 내 모습이 마치 부흥회 때 강대상을 치며 찬양을 부르는 부흥 강사님 같다며 할머니는 "아이구~ 우리 델라 또 부흥회 하네?!"라고 하셨다.

내가 태어났을 때 곁에는 엄마와 아빠, 그리고 또 한 분이 계셨다. 바로 우리 하나님이시다. 외가는 4대째, 친가가 3대째인 기독교 집안에서 태어난 나에게 하나님은 종교가 아니었다. 그냥 하나님은 하나님! 그 자체로 이미 내 곁에 계셨다.

부모님을 그 어떤 말로 표현할 수 있을까? 나를 낳아주신 분, 키워주신 분, 세상에서 가장 사랑하는 분, 가장 존경하는 분 등 무수히 많은 수식어가 있겠지만 가만히 생각해 보면 엄마, 아빠라는 단어 속에 이 모든 것이 함축되어있는 것 같다.

이처럼 하나님도 나에게는 마찬가지다. 창조주, 구원자, 전능자, 치료자 등 다양한 표현이 있지만 나에게 있어 '하나님은 그냥 하나님이십니다'라는 한 문장으로 내 신앙 고백의 모든 것이 담겨있다.

초등학교를 들어가기 전까지, 주일이 되면 세상 모든 사람이 교회에 가는 줄 알았다. 엄마 뱃속에서부터 주일이 되면 교회에 갔었고, 명절 때면 친척들이 모두 모여 다 같이 예배를 드렸다. 주일에는 그 많은 대가족이 교회에서 주일학교, 청년부, 장년부로 흩어져 예배를 드렸기에 당연히 모든 사람은 주일이 되면 교회에 가는 줄 알았다.

그런데 초등학교 1학년 어느 날 월요일, 친구에게서 '어제 낮 12시까지 잤다'는 얘기를 듣고 큰 충격을 받았었다.

'아니 쟤는 어떻게 주일에 12시까지 잘 수가 있지? 예배가 9시인데 엄마 아빠한테 안 혼나나?!'

어린 마음에 늦잠을 잤다는 친구가 부럽기도 하고, 교회를 안 갔다는 말이 놀랍기도 했다. 이로 인해 종교라는 개념과 예수님을 안 믿는 사람도 있다는 것을 처음 알았다. 그러면서 전도라는 개념도 자연스레 알게 됐다.

태어났을 때부터 하나님의 딸로 자란 내가 주님께 받은 달란트는 음악이라는 것, 그리고 그중 특별히 노래에 재능이 있다는 것을 알게 된 건 어떤 특별한 이벤트가 있어서는 아니었다. 교회학교 시절부터 행사가 있을 때면 늘 앞에 나와 노래를 했었고 주변에서는 노래를 잘한다고 칭찬해주셨다. 너무도 자연스럽게 그 길이 열렸고, 나 또한 어색함 없이 그길로 나아가게 되었다.

2. 생애 첫 피아노 연주, 결혼행진곡

일가친척 중 누구도 음악을 전공하신 분이 없다. 음악을 전공하는 아이들은 부모님이나 집안에 음악 전공자가 있는 경우가 많은데, 우리 집안에서 나는 그야말로 음악 개척자(?)가 되었다.

하지만 부모님께 음악적 재능을 받았다는 것은 확실하다. 비록 음악을 전공하진 않으셨지만 두 분 다 노래를 굉장히 잘하시고, 특히 아빠는 음악적 재능이 무척 뛰어나신 분이다. 아빠는 전공자도 지휘하기 힘든 헨델의 메시아를 비전공자임에도 불구하고 성가대를 지휘하며 성탄절 음악 예배를 드렸다. 이뿐만 아니라 젊은 시절 피아노, 기타, 톱 연주를 모두 독학으로 연주를 하셨고 요즘에는 색소폰과 아코디언까지 연주하며 그야말로 음악적 재능을 여과 없이 나타내고 계신다. 엄마 역시 학창 시절 노래를 잘해서 반 대표로 뽑혀 노래했었다고 한다. 그렇지만 두 분 다 음악가의 길이 아닌 다른 길을 선택하셨다.

덕분에 나는 우리 일가친척 중 첫 음악가이자 성악가가 되면서 가족 모임을 할 때면 '델라는 누구 재능을 받아 저렇게 노래하는지 모르겠다'며 기특한 시선을 한 몸에 받았다.

엄마는 내가 옹알이를 음가가 있게 노래처럼 했다고 한다. 첫 아이였던지라 엄마는 '모든 아이가 옹알이를 저렇게 하는구나.' 생각했는데, 몇 년 후 동생이 태어나면서 말처럼 옹알이하는 모습과 주변 아기들의 옹알이하는 모습을 보면서 '우리 델라가 조금 특별했던 거구나'라고 생각하셨다고 한다. 할머니가 "우리 델라 부흥회 하네"라고 표현할 정도로 말하기 전부터 노래를 흥얼거렸던 나는 어린 시절에도 길을 걸어갈 때마다 율동을 하면서 동요를 부르며 발랄하게 걸어 다녔었다.

그러던 중 나에게 특별한 음악적 재능이 있음을 처음 발견한 건 4살 때였다. 엄마를 따라 결혼식장에 갔는데 그곳에서 피아노로 결혼행진곡을 연주하는 모습을 처음 보았다. 그리고 집에 돌아와 한 번도 피아노를 쳐본 적이 없었던 내가 우리 집 거실에 있는 피아노에 앉아 결혼행진곡을 한 손으로 치고 있는 것이 아닌가! 갑자기 결혼 행진곡 피아노 소리가 들려 엄마가 거실로 나왔는데, 피아노를 치고 있는 내 모습에 깜짝 놀란 엄마는 바로 나를 피아노 학원에 데리고 가셨다. 그렇게 처음 피아노를 배우게 되었고 물 흐르듯 자연스럽게 음악의 길로 들어서기 시작했다.

3. 안녕하세요!

엄마는 내가 밝고 티 없이 자라길 바라셨다고 한다. 그래서 하나님께 델라가 밝고 티 없이 자라며 사람들에게 사랑받는 아이가 되게 해달라고 늘 기도하셨다. 그 기도의 응답으로 하나님께서는 나에게 '안녕하세요~!'라고 밝은 에너지로 인사하는 은사를 주셨다.

나는 갓난아기 때부터 잘 웃었고, 울며 칭얼거린 일이 거의 없었다고 한다. 그래서인가 갓난아기 때 앨범을 보면 다 웃고 있다. 딱 한 장 울고 있는 사진이 있는데 그것도 내가 갑자기 우니까 "델라 운다!! 너무 귀엽네!" 하면서 울음 그치기 전에 사진 찍어야 한다며 찍은 사진이라고.. 그 정도로 갓난아기 때부터 웃음이 많았다.

걸어 다니며 말을 하면서부터는 어딜 가든 밝은 목소리로 "안녕하세요~!"라고 인사를 했고 그 덕분에 슈퍼마켓, 과일 가게, 문방구 등 동네 이웃들중에 나를 모르는 분들이 거의 없었다. "델라 왔니?", "예쁜이 왔니?"라며 하나같이 반겨주셨고 예뻐해 주셨다. 덕분에 초등학생 때부터 중학생, 고등학생, 대학생, 이탈리아 유학 시절, 그리고 성악가가 된 지금까지도 동네에서 나는 사랑받는 유명인사(?)가 될 수 있었다.

이런 밝은 인사성 덕분에 과일 가게에 가면 과일 하나를 더 주셨고,

옷을 수선하러 가면 수선비도 할인해 주셨고, 슈퍼를 가면 아이스크림을 하나 더 챙겨주셨다.

밝은 인사성 덕분에 소중한 사진이 한 장 남아 있는데 바로 생애 첫 소풍에서 사진사 아저씨가 찍어준 내 독사진이다. 당시 유치원에서 소풍 가면 사진사 아저씨가 반 단체 사진뿐 아니라 아이들 독사진을 한 명씩 찍어주셨다. 그런데 내 사진은 특이하게 얼굴이 한 개가 아니라 세 개로 나뉘어 있는 것이다. 그 당시 이런 기술이 있었나 할 정도로 신기해서 엄마에게 사진에 대해 여쭤봤다. 그러자 당시 사진사 아저씨가 날 보더니 "인사를 잘해서 너무 예쁘다"며 얼굴이 세 개로 분할된 특별한 사진을 만들어 주셨고, 유치원에서 유일하게 나만 받았다고 했다.

"안녕하세요!"라고 밝게 인사하는 모습은 어른이 된 지금도 여전하다. 많은 분이 내가 인사를 하면 기분이 좋아진다고 하신다. 그건 아마도 하나님께서 내게 주신 은사 덕분일 것이다. 그리고 이 은사는 내 인생 가운데 좋은 사람들을 만나는 〈만남의 축복〉으로 이끄는 '열쇠'가 되지 않았나 하는 생각이 든다.

4. 여호와 이레

　　아빠의 군의관 생활로 어린 시절 지방에서 자랐던 나는 매일 친구들과 뛰어노느라 정신이 없었다. 나무에 올라가기도 하고, 여름이면 매미 잡으러, 가을이면 잠자리 잡으러, 비가 오면 올챙이 잡으러, 눈 오면 눈싸움하러 가면서 그야말로 뽀로로처럼 노는 게 제일 좋은 아이였다. 자주 이사를 했지만, 어딜 가나 좋은 친구들과 선생님들이 나를 반겨줬기에 다행히 낯선 환경에서도 잘 적응할 수 있었다.

　　새로운 곳에 이사 가면 엄마가 우선순위로 알아보는 곳이 바로 내가 다닐 피아노 학원이었다. 4살 이후로 계속 피아노를 배웠는데 만나는 선생님마다 내가 피아노에 소질이 있다고 했다. 그에 반해 나는 그다지 피아노에 큰 흥미를 느끼지 못했다.

　　우선 피아노는 악보를 보며 쳐야 하는데 결혼식장에서 결혼행진곡을 듣고 그 음을 피아노로 따라 칠만큼 귀가 발달했었기 때문에 굳이 악보를 보지 않고도 바이엘 정도는 선생님이 쳐주는 음을 기억해서 그 자리에서 칠 수 있었다. 그러다 보니 악보를 보는 능력 대신 귀가 점점 더 발달하게 되었고, 악보를 봐야 할 눈은 악보 대신 피아노 건반에 가 있었다. 자연스럽게 두 귀는 음악을 기억하고, 두 눈은 건반을 기억하면서 악보를 보는 대신 음악을 통째로 외워서 피아노를 쳤다. 수업 때 늘 선생님이 '건반 보지 말고 악보를 보라'고 지적하셨던 게 아직도 기억이 난다.

피아노 대회에 나가 수상도 했지만 복잡한 악보를 보며 오랜 시간 앉아서 연습해야 하는 피아노는 나에게 큰 흥미로 다가오지 않았고, 그런 나를 보며 "델라는 피아노에 재능이 있어 조금만 연습하면 너무 잘하는데 왜 안 하는지 모르겠네"라는 것이 만났던 모든 피아노 선생님들의 공통된 코멘트였다.

쉬지 않고 배웠던 피아노는 예원 중학교를 들어갈 때 빛을 발했다. 당시 '예원 입시는 서울대 들어가기보다 더 힘들다'는 말이 있을 만큼 어려웠다. 대학입시처럼 필기와 실기 모두 시험을 치러야 했고, 정원도 소수였기 때문에 경쟁률 또한 어마어마했다. 당시에는 예원 입시 출제 유형을 분석해서 문제집을 자체적으로 제작해 가정교사를 보내주는 예원 입시 전문 학원도 있었고, 심지어 예원 재수생도 있었다.

초등학교 저학년 때부터 예원을 목표로 공부하던 아이들과 달리 지방에서 살다가 초등학교 4학년에 서울로 올라와 공립 초등학교를 다녔던 나는 예원이라는 존재 자체도 몰랐었다. 초등학교 6학년 5월에서야 예원을 가기로 결정했고, 입시가 10월이었기에 단 5개월이라는 짧은 기간 동안 예원 입시를 준비했다. 그 과정에서 난생처음 불러보는 이탈리아 가곡도, 예원 필기시험도 모두 낯설었지만 단 하나 피아노만큼은 전혀 낯설지 않았다. 성악과는 부전공으로 피아노 시험을 봐야 했는데 지정곡 3곡 모두 모차르트 곡으로 내가 잘 쳤던 곡들이었다. 등교 전 매일 아침 피아노를 연습한 후 학교에 갔는데 지금 생각해 보면 아침마다 오셔서 피아노를 가르쳐주셨던 선생님께 정말 감사하다.

만약 내가 피아노를 칠 줄 몰랐거나, 혹은 배웠다 해도 잘 칠 줄 몰랐다면 단 5개월 만에 모차르트 곡을 연습해 예원 입시를 볼 수 있었을까? 절대 불가능했을 뿐 아니라 오히려 피아노 때문에 예원 입시를 포기했었을 것이다. 돌이켜보면 이 모든 건 '여호와 이레'이신 우리 하나님이 나를 성악가로 이끄시기 위해 준비시켜주셨음을 고백한다.

5. 내 첫 데뷔 무대, 장기자랑

어릴 때 진해에 살았을 무렵에는 틈만 나면 산, 들, 바람의 자연 속에서 활발하게 뛰어놀았다. 부모님은 우리 남매가 그 속에서 많은 것을 느끼며 자라기를 바라는 마음으로 장복산, 해군 사관학교, 마산 돝섬, 부곡 하와이 등 여기저기 데리고 다니셨다. 그야말로 주중, 주말 할 것 없이 시골에서 마음껏 뛰어노는 어린아이로 키우셨고 그 덕분에 자연과 하나 되어 건강하게 자랄 수 있었다. 아마도 자연에서 마음껏 뛰어놀았던 그 어린 시절의 경험들이 음악가로 성장한 내 감수성의 초석이 되지 않았나 라는 생각이 든다.

초등학교 1학년, 봄 소풍에서 장기자랑을 하는데 담임선생님이 반장 나와서 노래 한 곡하라고 하셨다. 당시 반장이었던 나는 평소 TV에서 '꾸러기'라는 인기 프로의 주제가를 많이 부르고 다녔기에 주저 없이 그 노래를 불렀다. 교회가 아닌 다른 곳에서 처음 노래를 부른 순간이었는데 생각해 보면 그 장기자랑이 세상에서의 첫 데뷔 무대였던 것 같다.

그날 이후, 학교에서 노래 잘하는 아이로 알려졌고 장기자랑이 있는 날이면 노래를 도맡아 하게 됐다. 당시 동화 구연대회, 웅변대회가 유행이었는데 사람들 앞에서 떨지 않고 노래하는 내 모습을 보고 담임선생님이 나를 학교 대표로 추천하셨다. 우리 초등학교 부속 유치원 선생님이 동화 구연을 가르쳐주셨고, 학교 대표로 대회에 나가 1등을 했다. 그날 이후 장기자랑마다 노래와 구연동화를 했는데 아쉽게도 전학을 가게 되면서 구연동화와는 자연스럽게 이별을 하게 되었다. 하지만 노래는 어딜 가든 늘 나를 따라다녔다.

초등학교 3학년을 마치고 4학년 첫 시작을 서울에서 맞이했다. 시골에서 올라온 전학생이었지만 전학생이라고 느껴지지 않을 정도로 친구들과 잘 어울렸고 학교생활도 즐거웠다. 특히 4학년 담임선생님은 음악을 좋아하시는 분이셨다. 그래서 음악 시간이 되면 풍금을 반주할 아이와 음악 시간에 배울 노래를 선창할 아이를 미리 지명해주셨다. 풍금을 반주할 아이는 나 외에도 여러 명이 돌아가며 반주를 했지만, 노래는 항상 내가 도맡아 했다. 그렇게 새로 전학 간 학교에서도 노래 잘하는 아이로 점점 소문이 나기 시작했다.

6. KBS 어린이 합창단 할래?

"어떻게 성악을 시작하게 됐어요?"

인터뷰를 하게 되면 꼭 등장하는 질문 중 하나다. 그러면 늘 똑같은 대답으로 시작된다.

"제가 초등학교 4학년 때 KBS 어린이 합창단을 했어요!"

초등학교 4학년 어느 날, 학교 끝나고 집에 왔는데 엄마가 "델라야, 너 KBS 어린이 합창단 할래?"라고 물어보셨다. 워낙 노래 부르기를 좋아했기에 "노래하는 거면 당연히 해야지!"라며 대답했다.

그날부터 오디션을 보기 위해 동요 〈그리운 언덕〉을 연습했다. 그리고 며칠 후 방송국에 가 오디션을 봤는데 그날의 기억은 아직도 생생하다. 오디션장에 들어갔더니 세 분의 심사위원이 앉아계셨고, 그 랜드 피아노에 반주자 선생님이 계셨다. 난생처음 오디션을 보는 순간이었다.

준비한 동요 〈그리운 언덕〉의 전주가 나왔고 연습한 대로 차분히 잘 불렀다. 노래가 끝나자 심사위원들이 "노래 잘하네."라고 하셨다. '이제 끝났구나!' 하고 마음을 놓으려는 순간, 갑자기 피아노 선생님이 밝은 느낌의 음악을 연주하는 것이 아닌가! '이게 무슨 음악이지?' 전혀 몰라 놀란 토끼 눈을 뜨고 우두커니 서 있으니까 심사위원들이 "춤 춰! 춤추면 돼!"라고 하셨다. 반사적으로 춤을 췄었는데 어떻게 췄는지 전혀 기억이 나질 않는다. 오디션이 끝난 후 엄마한테 말했더니 '오디션에 춤도 있는 줄 몰랐다'며 엄마도 당황해하셨다.

TV 하단에 KBS 어린이 합창단을 뽑는다는 공고가 지나가 방송국에 전화해 봤더니 원서 마감 하루 전날이었고, 다음날에 급하게 원서 접수를 했다고 하셨다. 오디션은 노래 한 곡만 부르면 되는 줄 알아 노래만 연습을 시키셨다고.. 그렇게 우연히 오디션 공고를 보고 급하게 원서를 넣고, 모집 요강도 잘 몰라 준비도 미흡했던 내 첫 오디션의 결과는 감사하게도 합격이었다.

드디어 첫날, 2년 동안 함께 지낼 동기들과 반갑게 인사를 나눴다. 그리고 네 분의 선생님을 만났는데 그중 한 분은 우리가 잘 알고 있는 동요 〈앞으로〉, 〈예쁜 모자〉, 한국가곡 〈별〉, 〈고향의 노래〉 등을 작곡한 동요 작곡가 고 이수인 단장님이셨다. 또 한 분은 합창단 노래를 지도해 주신 조연이 선생님(훗날 나의 첫 성악 선생님이시다), 피아노 반주를 해주신 최진숙 선생님, 그리고 김영숙 안무 선생님이셨다. 그렇게 부푼 마음으로 KBS 어린이 합창단의 생활은 시작되었다.

당시 동요가 큰 사랑을 받았던 시절로, KBS 동요 프로그램 〈노래는 내 친구〉가 매주 방송되었고 어린이 합창단은 오프닝과 클로징, 그리고 중간 특별무대까지 꾸몄을 뿐 아니라 어린이날, 광복절, 창작동요제, 크리스마스 등 특집 때마다 출연하며 굉장히 활발하게 활동을 했었다. 감사하게도 나는 대부분 스테이지를 센터에 서서 했기 때문에 카메라에 자주 잡혔다. 덕분에 매주 방송에 나갈 때마다 내 얼굴이 종종 나왔고 어느새 학교에서도 조금씩 유명해지기 시작했다.

그러던 어느 날, 늘 합창으로만 채워졌던 노래에 처음으로 솔로 파트가 등장했다. '과연 누가 솔로로 뽑힐까?' 초미의 관심사로 떠오르던 순간, 이수인 단장님이 나를 지목하며 말씀하셨다.

"델라 네가 솔로 해!"

두근두근 떨리면서도 얼마나 기뻤는지.. 그런데도 혹시나 다른 친구들이 속상해하진 않을까 하는 생각에 활짝 웃지 못하고 오히려 미안해했다. 그 이후로도 합창단의 솔로 파트가 나오면 대부분 내가 불렀었고, 프로그램 속 독창 무대에도 자주 발탁되어 어린이 합창단 소속이자 신델라 이름으로 노래할 수 있었다. 그러면서 동요계에 점차 내 이름이 알려지기 시작했고 작곡가 선생님들과 동요계 스타 어린이들 사이에서도 내 이름이 알려졌다. 아마도 그때부터 서서히 자연스럽게 나는 성악도의 길에 들어서고 있었던 것 같다.

7. 하나님이 주신 지혜, 그분께 영광을 돌리던 첫 순간

내가 초등학교에 다니던 그 시절은 동요의 전성시대라고 할 만큼 동요의 인기가 엄청났다. 지금까지 불리는 유명한 동요들이 그때 창작동요제를 통해 많이 탄생되었고, 유명한 동요 작곡가, 노래 잘 부르는 어린이 등 그야말로 동요계 스타들이 많았다.

동요에 대한 높은 관심만큼이나 큰 대회도 많았는데 그중 CBS 기독교 방송국의 전국 어린이 동요대회는 각 학교에서 추천받아서 대표로 온 아이들이 예선을 거친 후 본선이 열리는 그야말로 그해 노래 잘하는 아이들이 다 모이는 대회였다. 대상 수상자에게는 교육부장관상과 당시 50만 원이라는 큰 상금과 트로피, 그리고 학교에서 추천을 받는 만큼 부상으로 피아노를 학교에 수여했다. 당시 음악 수업을 풍금으로 진행했으니 부상으로 피아노가 학교에 기증된다는 건 굉장한 것이었다.

나는 동요대회를 나가기 위해 따로 노래 레슨은 받지 않았다. 평소처럼 엄마, 아빠 앞에서 노래 부르고 부모님이 가르쳐주면 그 부분을 고쳤다. 본선에서는 지정곡과 자유곡 각각 한 곡씩을 불러야 했는데 나는 〈들국화〉와 〈팽이치기〉를 준비했다. 참가자 중에는 이미 동요계에서 이름이 나 있는 친구들도 있었다. 나중에 피디 선생님께 들었는데 그 해에 워낙 유명한 친구들이 많이 나와서 지금까지 대회 중 참가자들의 노래 수준이 가장 높았다며 방송국에서도 과연 이 중에 누가 1등을 할지 관심이 컸던 대회였다고 했다.

리허설 때 한 명씩 노래를 부르는데 각 학교에서 추천받은 실력자인 만큼 노래 실력이 대단했다. 긴장하고 있는 나에게 엄마가 말씀하셨다.

"델라야~ 엄마 객석 가운데 앉아 있을 테니까 엄마만 보고 노래해!"

드디어 내 순서가 왔다. 무대 위에 서서 객석을 보며 엄마를 찾았다. 그리고 마치 집에서 연습하듯 진짜 엄마만 보고 노래를 불렀다. 그렇게 리허설을 마치고 엄마를 만났는데 "잘했어. 델라야! 이따 대회 때도 엄마가 똑같은 자리에 앉아 있을 테니까 엄마만 보고 지금처럼 신나게 노래 불러!"라고 하셨다. 나는 "응! 알았어!" 하고 혼자 무대 뒤로 가서 본선을 준비했다.

동요대회의 인기를 실감하듯 사회는 당대 최고의 인기를 누렸던 코미디언 박세민님이 봤다. 드디어 대회가 시작되었고 한 명씩 순서대로 준비한 노래를 부르기 시작했다. 중간 순서였던 나는 긴장을 너무 해서인지 갑자기 화장실이 가고 싶어졌다. 내 순서가 얼마 안 남았기에 급한 마음으로 뛰어가려는 순간, 갑자기 '뛰면 안 돼! 뛰면 숨차서 노래 못해!'라는 생각이 불현듯 스쳤다.

사실 노래하기 전에 뛰면 숨이 차서 호흡이 위로 다 떠 노래를 부를 수가 없다. 숨이 차면 말하기도 힘든데 노래를 부르는 건 더 어려울 수밖에.. 특히 공연 전에는 몸이 긴장하고 있기 때문에 이미 숨이 어느 정도는 찬 상태라 만약 노래 전에 뛰면 진정하는데 걸리는 시간도 평소보다 몇 배는 더 오래 걸린다. 그래서 절대로 뛰면 안 된다. 프로 성악가인 지금이야 당연히 알고 있는 기본적인 상식이지만 초등학교 5학년이 그 누구도 가르쳐주지 않은 이 사실을 어떻게 알 수 있었을까? 이건 분명 하나님께서 어린 나에게 순간적으로 주신 지혜였다.

그 순간, 나는 초등학생이라고는 믿어지지 않을 정도로 침착하게 걸었다. 그리고 다행히 내 순서 전에 대기실에 숨차지 않은 상태로 돌아왔고, 조금 후 MC는 내 이름을 호명했다. 긴장하며 무대 중앙으로 걸어갔다. 그리고 객석을 바라보며 엄마를 찾았다. 리허설 때 앉아 계셨던 그 자리에 엄마는 똑같이 앉아 있었고 나와 눈을 마주치고 있었다. 반주가 나오면서 나는 준비한 두 곡을 한 치의 흐트러짐도 없이 엄마만 보면서 노래를 불렀고 큰 박수를 받으며 무대에서 내려왔다. 어떻게 불렀는지도 모를 정도로 긴장하고 떨었던 것 같다. 그런데 객석에서는 내가 하나도 긴장하지 않은 것처럼 보였다고 했다.

참가자들의 노래가 다 끝나고 드디어 시상식만 남아 있었다. 대상이 1명, 특상이 2명으로 1, 2, 3등이었다. 장려상부터 3등까지는 바로 호명해서 시상했지만, 대상 발표는 1등과 2등의 후보 두 명을 무대 가운데로 불러서 MC가 인터뷰를 진행한 후 대상 수상자를 호명했다.

3등까지 시상이 끝났고 드디어 1등과 2등의 후보가 호명될 차례였다. 떨리는 마음으로 기다리고 있는데 첫 번째로 내 이름이 호명됐고 이어서 안정적인 미성으로 노래를 부르며 다른 동요대회에서 수상했던 친구의 이름이 호명되었다. 우린 이미 잘 알고 지냈던 사이로 나란히 무대에 섰다.

드디어 대상 발표의 순간!

MC는 큰소리로 "신- 델- 라-!"라고 내 이름을 외쳤다. 놀라서 입을 손으로 막고 좋아하던 그때 MC는 내게 소감을 물었다.

"먼저 하나님께 영광을 돌려요!"

초등학교 5학년이 이 말뜻이 뭔지 알고 얘기를 했을까? 모든 건 대회 들어가기 전, 엄마가 "델라야~ 대상을 타면 인터뷰 때 하나님께 영광을 돌린다고 말해!"라고 가르쳐주신 덕분이었다. 엄마 덕분에 내 생애 첫 노래 콩쿠르에서 대상을 받고 하나님께 영광을 돌릴 수 있었음이 지금도 그저 감사할 뿐이다.

나중에 피디님께 들은 이야기지만 특별히 실수하지 않는다면 그 친구와 내가 1, 2등을 할 것 같다고 방송 관계자들이 얘기했다고 했다. 만약 내가 노래 전에 뛰는 실수를 했다면 그래서 숨이 차 노래를 평소와 달리 잘 못 불렀다면 과연 대상을 받을 수 있었을까? 하나님이 어린 나에게 주신 순간의 지혜로 대상을 받을 수 있었고, 하나님께 내 생애 처음으로 영광을 돌릴 수 있었다. 그때 그 기억이 아직도 선명해 지금까지 무대 올라가기 전 아무리 급한 일이 있어도 절대 뛰지 않는 것을 철칙처럼 여기고 있다.

8. 하나님께 영광을 돌린 그 후

　CBS 동요대회에서 대상을 받고 신델라 이름으로 학교에 피아노가 기증됐다. 교장 선생님과 학교 모든 선생님이 피아노를 보며 너무 기뻐하셨고 나에게 고마워하셨다. 이후 나는 주변 다른 학교에까지 노래 잘하는 아이로 유명세(?)를 타기 시작했다.

　어느 날, 집으로 한 통의 전화가 걸려왔다. CBS 동요대회 담당 피디님이셨다. 엄마는 피디님과 통화를 한 후 "델라야, 너 라디오 MC 해볼래?"라고 물어보셨다. 방송국에서 개편을 맞아 〈우리는 주의 어린이〉라는 새 프로그램을 제작하는데 CBS 남자 아나운서와 함께 사회를 볼 어린이 MC를 제안하신 것이었다. 피디님은 '어린이 MC로 누가 좋을까' 생각하다 대회 때 예쁘고 야무진 내 모습이 떠올랐다며 특히 "하나님께 영광을 돌려요!"라고 했던 수상 소감이 기억에 남았다고 하셨다. 하나님께 영광을 돌린 덕분에 나는 라디오 MC로 활동할 수 있었던 것이었다. 그래서일까? 지금도 라디오 방송으로 스튜디오에 들어서면 익숙함과 설렘이 공존한다.

　당시 KBS에서는 프로그램에 어린이 노래가 필요하면 어린이 합창단에 연락을 했다. 그리고 합창단에서는 솔로를 자주 했던 나를 추천해 주셨다. 덕분에 방송에서 가수 혜은이 선생님과 〈파란 나라〉를 부르기도 했고, 〈내 마음의 동요〉라는 프로그램에도 출연해 〈나뭇잎 배〉를 남자 아역 배우와 함께 불러 여름방학 동안 TV에 한동안 나왔었다. 또한, KBS에서 방영됐던 〈톰소여의 모험〉 주제가도 불렀다.

무엇보다 가장 영광스러웠던 기억은, 예전에는 TV에서 방송이 시작되고 끝날 때면 항상 애국가가 나왔었다. KBS에서는 한동안 남자 성악가와 여자 어린이가 같이 불렀었는데 그 주인공이 바로 테너 엄정행 선생님과 나였다.

내가 분명하게 알 수 있는 건 이 모든 것이 내 뜻과 계획으로 이루어진 것이 아니라, 오직 하나님의 축복으로 이루어졌다는 것이다. 비록 초등학교 5학년인 나는 정확한 의미도 모른 채 하나님께 영광을 돌린다고 했지만, 반드시 그 말을 꼭 해야 한다는 것은 알고 있었던 것 같다. 그렇기에 주저 없이 사람들 앞에서 당당하게 '먼저 하나님께 영광을 돌린다'고 할 수 있었던 것 같다. 그런 내가 하나님 보시기에는 기특하셨나 보다. 이건 부어주시는 축복의 시작에 지나지 않았기 때문이다.

9. 하나님께 받은 어린이날 선물

5월 5일이 되면 어린이들이 기다리는 프로그램이 있었다. 바로 〈노을〉, 〈새싹들이다〉, 〈종이접기〉 등 1회부터 최고의 인기 동요들을 배출한 MBC 창작동요제였다. 동요제의 인기를 증명하듯 생방송으로 진행했으며 MC는 당대 최고의 연예인이 맡았다. 시상도 어린이는 장학금 50만 원과 상패, 작곡가는 150만 원과 해외여행, 그리고 교육부장관상까지 수여됐다. 그야말로 동요계 최고의 축제가 바로 MBC 창작동요제였다.

내가 초등학교 6학년일 때, MBC 창작동요제는 제10회를 맞이하는 해였다. 10회라는 특별한 의미를 담고 큰 규모로 진행되었는데 더욱이 한 해 전인 9회에서 〈하늘나라 동화〉, 〈아기염소〉 등 유명한 동요가 배출되었기에 방송국과 시청자의 큰 기대와 관심 속에 진행됐다. 제10회 MBC 창작동요제의 MC는 드라마 〈질투〉로 당시 최고의 인기를 누리고 있었던 배우 최수종님이 맡은 것만 봐도 그 인기와 관심이 얼마나 대단했는지 알 수 있었다.

MBC 창작동요제는 작곡가가 작곡한 동요를 어린이가 노래 부르는 형식으로 진행되었다. KBS 어린이 합창단에서 솔로를 자주 했던 나는 어느새 동요계에서 꽤나 유명해져 있었다. 사실 동요대회 출신이 아닌 합창단 단원으로 활동하면서 이름이 알려지는 건 흔한 일은 아니었다. 돌이켜보면 이 모든 게 하나님의 축복이었고, 나를 성악가로 인도하기 위한 하나님의 계획이었다.

하루는 엄마가 "델라야~ 너 홍명희 선생님이랑 MBC 창작동요제

나갈래?"라고 물어보셨다. 홍명희 선생님은 동요 작곡가로서 KBS에서 만날 때면 항상 "델라야 안녕~!" 하고 반갑게 인사해주셨다. 평소 잘 알고 지냈던 선생님이었던 만큼 "응! 좋아!"라고 바로 대답했다. 이후 선생님에게 〈부채춤〉이란 곡을 받았고, 늘 그랬듯 아빠, 엄마와 노래 연습을 시작했다. MBC 창작동요제란 타이틀에 걸맞게 전국에서 수많은 지원자가 몰렸고 그중 15명의 본선 진출자가 선발됐다. 그리고 나는 당당히 본선에 진출했다.

5월 5일 당일, 호암아트홀에서는 MBC 창작동요제 생방송 준비로 정신이 없었다. 리허설 때 어린이들은 경연 순서대로 오케스트라 반주에 맞춰 노래를 불렀다. 이날 리허설 때도 여느 때처럼 객석에 있는 엄마만 보고 노래를 불렀다. 그리고 무대를 내려왔는데 최수종님이 다가와 나를 불렀다.

"리허설 하는 걸 봤는데 노래를 너무 잘하네! 이따 실전에서도 떨지 말고 지금처럼만 불러!"

최수종님을 가까이서 보는 것만으로도 신기했는데 응원까지 해주시다니! 믿겨지지가 않았다. 드디어 생방송이 시작됐고, 부채춤이 국악풍 노래인 만큼 나는 예쁘게 한복을 입었다. 1번, 2번... 그리고 드디어 내 차례!

최수종님은 방송에서 "이름처럼 오늘 공주라고 생각하고 시청자들과 방청객들이 난쟁이라고 생각하며 노래를 멋지게 불러주세요!"라며 응원을 해주셨다. 오케스트라 전주가 나왔고 나는 객석에 앉아 있는 엄마만 보면서 신나게 노래를 불렀다.

그렇게 모든 순서가 끝이 났고 드디어 시상식이 시작됐다. 전국으로 나가는 생방송에 참가자뿐 아니라 시청자까지 모든 관심이 집중되는 순간이었다. "대상! 참가번호 14번! 부채춤을 부른 신델라 어린이!"라고 호명이 됐다. 기쁨을 이기지 못한 채 홍명희 선생님과 나는 무대로 뛰어 올라갔다. 그리고 대상 소감에 나는 울먹이면서 딱, 한마디를 했다.

"하나님께 감사드려요!"

그리고 다음 날, 대상 수상자로 라디오에 출현하기 위해 MBC 방송국을 찾았다. 로비에 들어선 순간 거짓말처럼 최수종님을 우연히 만났다. 배우님은 반갑게 나를 알아봐 주셨다. 그리고 리허설 때 아이들 노래를 다 들었는데 내가 특출나게 눈에 띄었다며 대상을 받을거라 생각했다고 하셨고, 배우님도 크리스천인데 하나님께 감사드린다는 내 소감을 들으면서 가슴이 뭉클했다며 정말 많이 축하해 주셨다.

최수종님은 알고 계실까? 그때 응원해주셨던 꼬마가 이렇게 성악가로 성장했다는 걸!

초등학교 6학년, 어린이로 보내는 마지막 어린이날, 하나님께 창작동요제 대상이라는 큰 선물을 받았다. 그리고 그날 이후, 성악가가 되겠다는 꿈을 갖게 되었고, 예원중학교를 가기 위해 성악을 배우기 시작했다. 그렇게 최고의 동요제에서 대상을 수상하는 영광과 꿈이라는 두 가지의 큰 선물을 받으며 하나님께 기도하기 시작했다.

'꼭 예원중학교 성악과에 입학할 수 있게 해 주세요.'

10. 어린 나를 향한 하나님의 계획

창작동요제가 끝난 후, 엄마는 나에게 "델라야~ 성악가가 되면 어떨 것 같아?"라고 물어보셨다. 노래 부르는 것 자체를 좋아했을 뿐 사실 〈오페라〉, 〈클래식〉에 대해서는 잘 모르고 있었던 나는 '성악가? 성악가는 노래 부르는 사람이지!' 생각하며 무조건 좋다고 했다.

이후 KBS 어린이 합창단 노래 지도 선생님이셨던 조연이 선생님과 성악 공부를 시작했다. 난생처음 이탈리아어로 된 가곡을 접하면서 다소 생소했지만, 다행히 합창단에서 2년간 일주일에 3번씩 선생님께 노래를 배웠었기에 그냥 조금 다른 발성으로 이탈리아 노래를 배운다고 생각하며 자연스럽게 성악을 접할 수 있었다.

지금 돌이켜보면 어린이 합창단은 그야말로 하나님께서 나를 성악가로 이끌기 위해 예비하신 길이었다. 합창단에서 솔로로 발탁되면서 노래로 유명세를 타게 되었고, 그 덕분에 내가 노래에 소질이 있다는 걸 알게 되면서 동요대회에 나가 대상을 수상했다. 이후 성악가의 꿈을 안고 시작한 성악은 익숙한 환경에서 재밌게 배울 수 있었고, 예원 입시 반주는 합창단 피아노 선생님께서 해 주셨으니.. 이 모든 건 자연스럽게 나를 성악도로 인도하기 위한 하나님의 계획이었다.

5개월의 입시 준비 끝에 그토록 기도하며 예원중학교에, 그것도 성악과 수석으로 입학하게 되었다. 그렇게 서서히 성악도의 길에 들어섰다. 하나님의 계획하심 가운데!

2부

1. 중학교 신고식
2. 아름다운 교정, 순수한 여중생들
3. 매기의 추억
4. 하나님의 관점에서의 합격과 불합격
5. 세상의 방법이 아닌 기도
6. 기도 응답과 성장통
7. 청천벽력 같은 소식
8. 미국에서 걸려온 전화
9. 내 목소리의 방향성

1. 중학교 신고식

　지금은 온라인으로 입시 결과를 확인하지만, 당시에는 전화로 확인하거나 학교 벽보에 합격자 이름을 붙여놔서 직접 확인할 수 있게 했다. 학교에 붙어있는 합격자 명단은 시험 응시자 뿐 아니라 재학생에게도 관심사였다. 과연 올해는 어떤 애들이 들어오는지, 내가 아는 후배나 동생 이름은 있는지 등 벽보가 붙는 순간 재학생들은 우르르 몰려가 확인을 했다. 그리고 내가 합격했던 그해는 벽보가 붙자마자 "야!! 이름이 신델라래!", "창작동요제에서 대상 받은 신델라가 성악과 들어왔대!" 하면서 재학생들 사이에서 떠들썩했다.

　3월 2일, 교복을 입고 부푼 마음을 안은 채 첫 등교를 했다. 교실로 들어서자마자 처음 만난 우리 반 친구들은 "네가 델라구나! 나 너 창작동요제에서 봤어!", "TV에서 너 많이 봤어.", "너 노래, 부채춤 많이 불렀어!" 라며 나를 반겨주었다. 이미 1학년 사이에서는 내가 부채춤을 불렀다는 것과 성악과 1등이란 이야기가 퍼져있었다.

　그토록 들어오고 싶었던 학교에 입학한 첫날인 만큼 1학년 새내기들은 시끌벅적 신나 있었다. 담임선생님이 교실에 들어오셨고 들뜬 상태로 아침조회를 마쳤다. 그리고 1교시 시작을 기다리고 있는데, 갑자기 한 친구가 선배들이 나를 부른다고 했다. 아무것도 모른 채 교실 앞문으로 나갔더니 선배들이 우르르 몰려있었다. 언니들은 나한테

"네가 신델라야?"라고 물어봤다. 지금껏 "네가 델라야?"라고 물어봤던 어감과는 완전히 다른 어감이었다. 그때부터 매 쉬는 시간마다 선배들이 우리 반 앞에 와서 나를 불렀고 매번 "네가 신델라야?"라고 물었다.

5교시 끝나는 종이 울리자마자 우리 반 친구들은 다급하게 나를 교실 뒤로 불렀고, 내 주변을 뼁 둘러쌌다. 조금 후 선배들은 나를 찾아왔는데.. 친구들이 "델라 없어요~!"라고 소리치듯 대답을 하는 것이었다. 선배들은 교실 안을 살짝 둘러보더니 친구들에게 둘러싸인 나를 발견하지 못한 채 돌아갔고, 친구들은 "야! 이제 선배들 오면 델라 무조건 없다고 하고 숨겨!!" 하면서 나를 보호해 줬다.

그렇게 나의 첫 중학교 신고식은 처음 만난 우리 반 친구들 덕분에 무서운 기억이 아닌 소중한 기억으로 남아 있게 됐다. 그리고 1학년 첫 반장 선거에서 반장이 되면서 친구들과 함께하는 재밌는 여중생의 학교생활은 시작됐다.

2. 아름다운 교정, 순수한 여중생들

나에게 있어 예원 하면 제일 먼저 떠오르는 이미지는 작고 아담한 교정이다. 봄에는 등나무 꽃향기가 우리를 반겼고, 여름에는 여학생들이 수돗가에서 물싸움하며 꺄르륵 거리는 웃음소리로 가득 찼고, 가을이면 덕수궁 돌담길을 노랗게 수놓았던 은행나무, 그리고 겨울이면 매점에서 따뜻하게 파는 옥수수빵을 먹기 위해 줄을 서 있는 모습 등 정겨운 추억들로 가득하다.

눈에 띌 정도로 예뻤던 예원 교복을 입고 그때는 왜 그렇게 뛰었는지 매일같이 친구들과 교정을 뛰어다니며 수업시간도 쉬는 시간도 그저 재밌었다. 드라마에서 펼쳐지는 치열한 경쟁이 가득한 학교가 아닌 친구들과 웃으며 정신없이 보냈던 학교였다.

하루는 얘들이 수업하기 싫다고 하자 선생님이 그럼 한 명씩 나와 노래를 하라고 하셨다. 친구들은 "반장 나가! 반장 나가!" 외쳤고, 나는 당시 유행했던 이상우의 〈그녀를 만나기 100m 전〉을 불렀다. 모두 내가 노래만 부를 줄 알았는데 후렴에서 갑자기 춤을 추며 부르니 다들 소리를 지르고 웃고 난리가 났었다. 그날 이후 나는 3년간 수업시간에 노래를 부를 때면 1번으로 불려 나가 〈그녀를 만나기 100m 전〉을 불러야만 했다.

예원 시간표에는 〈향상음악회〉라는 시간이 있다. 음악과 학생들이 한 학기에 한 번, 연주하는 시간인데 이날이 되면 친한 친구들이 꽃다발이나 초콜릿 등을 선물로 줬다. 그래서 〈향상음악회〉가 있는 날이면 예원 정문에는 꽃 파는 아줌마가 오셨었다. 2학년 〈향상음악회〉 때, 나는 친구들한테 꽃다발을 너무 많이 받아 도저히 혼자 다 들 수가 없어 친구의 도움을 받으며 집에 같이 왔던 기억이 있다.

3학년 가을이었다. 등교하는데 어떤 아저씨가 사진기로 나와 내 친구 모습을 찍는 것 같았다. 나는 아저씨한테 다가가 물어봤다.

"아저씨! 저희 사진 찍으신 거예요?"
"응! 너 신문에 나올 거야~!"
"무슨 신문이요?"
"국민일보!"

당시 우리 집은 국민일보를 구독하고 있었기에 매일같이 신문이 오기만을 기다렸다. 며칠 후 정말 신문에 나랑 내 친구가 〈덕수궁 돌담길 등교하는 학생들〉이라며 사진이 실려있는 것이 아닌가! 너무 신기해서 스크랩하고 내 학창 시절 앨범에 아직도 간직하고 있다.

한 반에 무용, 미술, 음악을 전공하는 학생들이 모여 서로의 고민도 나누고, 사춘기 시절 짝사랑하는 남자 선배랑 이어준다고 다 같이 모여 학이랑 별도 접어주고, 시험 끝나면 평소 보지도 않는 만화책 본다고 서로 순번 정해 돌려보고, 미술 발표회 날은 학교 벽에 걸린 미술과 친구들 작품을 보며 미술에 대해 하나도 모르면서도 너무 잘 그렸다며 축하해주고, 무용 발표회 날은 우르르 공연장으로 가 무용과 친구들 응원하러 가고, 3학년 서울예고 합격자 발표 날 떨어진 친구 때문에 다 같이 울어 누가 합격자고 불합격자인지 구분하지 못할 정도로 초상집 같았던 3학년 복도까지.. 우린 친구들 덕분에 경쟁도, 아픔도, 슬픔도 이겨낼 수 있었다.

나의 여중생 시절은 한 편의 드라마, 영화의 한 장면처럼 그렇게 남아 있다.

3. 매기의 추억

예원의 졸업식은 조금 특별하다. 예술 전공자들이 모인 학교인 만큼 재학생 오케스트라와 성악과 학생들의 합창이 졸업식을 멋지게 꾸민다. 그리고 선후배들의 축사와 답사가 음악으로 꾸며지는데 축사로 2학년 바이올린 1등이 연주를 하면, 답가로 3학년 성악과 1등이 노래를 불렀다.

드디어 졸업식이 시작됐고, 나는 1학년으로서 강당 위 합창석에 앉아 있었다. 졸업식이 한창 진행되었고 드디어 답가를 부를 차례가 왔다. 3학년 선배가 나와 오케스트라에 맞춰 노래를 부르는데 아름다운 멜로디의 〈매기의 추억〉이었다. 그 선배 모습을 보면서 마음속으로 기도를 했다.

'하나님! 저도 2년 후에 졸업식에서 꼭 저 노래를 부르게 해 주세요.'

그리고 2년 후, 나는 전교생과 부모님 앞에서 졸업생 대표로 후배들의 오케스트라에 맞춰 〈매기의 추억〉을 불렀다. 하나님이 내 기도를 잊지 않고 응답해 주신 덕분이었다. 너무 신기한 건 중학교 3학년 때 불렀던 〈매기의 추억〉을 내 친구 부모님이 아직도 잊지 못한다며 종종 얘길 하신다는 거다. 내가 대학생이 됐을 때 친구의 언니, 오빠 결혼식 축가를 불러달라는 요청을 친구들 부모님께 많이 받았는데 하나같이 중학교 졸업식 때 〈매기의 추억〉이 너무 좋았다며 부탁을 하셨다.

유학을 다녀온 후 예원에서 노래를 불러달라는 연락이 와서 졸업한 지 10년이 훌쩍 넘어 학교에 갔었는데 선생님들이 반가워하시며 "델라야~ 졸업식 때 네가 부른 매기의 추억은 가끔 졸업식 때 선생님들끼리 얘기해. 그때 너 노래 너무 잘 불렀다고"라며 기억해 주신다. 그렇게 중학교 3학년이 부른 〈매기의 추억〉을 잊지 못한 채 기억해 주시는 분들이 꽤 많았다.

너무 신기하다. 사실 노래는 그림이나 책처럼 남겨지는 것이 아니고 허공으로 날아가 잡지도 못한 채 흔적도 없이 사라진다. 물론 음반이나 영상도 있지만, 그날 그 무대의 감동을 다 담기에는 역부족이기에 가끔 화려한 무대를 내려온 후 신기루처럼 사라져버리는 음악에 대해 생각할 때가 있곤 한다.

하지만 이런 이야기들을 들을 때면 기억 속에 남아 있는 음악의 힘이 얼마나 대단한 것인지 새삼 느끼게 된다. 그들이 전해주는 추억들은 지금까지 내가 지치지 않고 음악이라는 길을 걸어갈 수 있는 원동력으로 큰 힘이 되어주고 있다.

4. 하나님의 관점에서의 합격과 불합격

중학교 2학년 첫 여름방학, 성악 콩쿠르에 처음 나갔다. 음악저널 콩쿠르를 나갔는데 지금까지도 유명한 콩쿠르로 큰 규모만큼이나 전국에서 많은 학생이 지원했다.

본선 하루 전날, 잠들기 전 침대에서 '하나님~ 내일 〈Ave Maria〉를 부르는데 이 부분은 부드럽게 부를 수 있게 해주세요. 이 마디의 셈여림은 f(세게)로 잘 표현할 수 있게 해 주세요.' 등 하나하나 세심하게 기도를 하고 잤다. 그리고 본선 당일 무대에 섰는데 신기한 일이 생겼다. 노래 부르기 전까지 그렇게 떨렸는데 노래 전주가 나오니까 갑자기 차분해지면서 머릿속에서 어제 내가 기도했던 부분들이 하나씩 떠오르는 것이었다. 마치 누가 레슨을 해 주듯이 노래를 하고 있으면 그 다음 소절에 대해 나에게 말하듯 알려주는 것 같았다.

너무도 신기했던 이 경험은 아쉽게도 내 인생 딱 이날 한 번뿐이었다. 차분히 노래를 마친 나는 중,고등부 성악, 기악부문에서 제일 높은 점수를 받으며 전체 대상을 수상했다. 이 신기한 경험은 나에게 큰 영광을 안겨줬고, 이 영광은 하나님에게서 왔음을 잘 알고 있었다.

수상 발표를 기다리고 있는데, 어떤 남자 선생님이 내게 다가오셨다. 그분은 우리가 잘 알고 있는 테너 임웅균 교수님이셨다. 당시 열린 음악회 최고의 스타이자 한국예술종합학교 교수셨고, 그날 음악저널 콩쿠르 심사위원장이셨다. 선생님은 나에게 '너는 노래를 잘하는 걸 넘어서 영재니까 한국예술종합학교 영재시험을 보라'고 말씀해주셨다. 당시 한예종은 설립 초창기로 최고의 교수진들을 스카우트하며 큰 관심을 받고 있었다. 교수진의 명성만큼이나 좋은 학생들이 몰렸고, 우리나라 최초로 '영재'를 선발해 고등학교 과정을 거치지 않고 바로 한예종 대학과정으로 진학하는 시스템을 만들었다. 나보다 한 학년 위의 선배들이 첫 영재 선발 대상자들이었는데 실제로 서울예고 진학 대신 영재시험을 봐서 한예종으로 진학한 선배들이 있었다.

그날 이후, 영재시험을 목표로 임웅균 선생님에게 레슨받기 시작했다. 임웅균 선생님은 내 성악 인생에서 절대 잊을 수 없는 분으로 선생님을 만나기 전과 후로 나뉠 만큼 내 노래 실력은 그야말로 일취월장하기 시작했다. 내 속에 잠재되어있는 끼와 재능을 끌어내 주셨고, 발성법부터 호흡법까지 모두 다 새롭게 가르쳐주셨다.

서울예고는 입시곡으로 이탈리아 가곡 2곡만 준비하면 되는 것에 반해 영재시험은 대학으로 바로 진학하기 때문에 당시 지정곡인 이탈리아 가곡 열 곡에 독일가곡 한 곡, 한국가곡 한 곡, 그리고 오페라 아리아 2곡, 그야말로 한예종 대학입시를 준비해야 했었다. 영재시험 준비를 하며 노래 실력이 향상된 만큼 나는 학교 실기시험 때 심사위원 사이에서 눈에 띄기 시작했고, 선생님들에게 내 얼굴과 이름이 점점 알려지기 시작했다.

그 덕분에 중학교 3학년, 12월 세종문화회관에서 〈O holy night〉를 불렀는데, 나를 그 공연에 세워주신 분이 바로 예원 성악 강사 선생님이셨다. 실기시험 볼 때마다 내가 노래를 너무 예쁘게 잘해서 많은 선생님에게 칭찬을 받는다며 크리스마스 공연에 특별 게스트로 어린 나를 초청해 주셨던 것이다. 심지어 기라성과 같은 예원 강사 선생님들과 성악가 선생님들이 내 노래에 합창으로 같이 해 주셨으니.. 얼마나 영광이었는지 이 공연 영상을 볼 때마다 느낀다.

3학년 가을이 다가왔고 영재시험 1차에 합격하며 2차 시험을 보러 갔다. 1차 시험은 성악과 교수님들이 심사를 하셨고, 2차는 학과장님을 비롯해 각 과의 대표 교수님들이 한자리에 모여 1차에서 올라온 기악과, 성악과 합격자들을 심사하셨다.

떨리는 마음을 뒤로하고 준비한 대로 차분히 시험을 봤다. 그리고 며칠 후, 학교에서 결과를 듣게 됐다. 결과는 불합격이었다. 전혀 예상치 못했던 불합격 소식에 학교 수업이 끝난 후 나 혼자 조용히 기도실(예원은 미션스쿨로 학교에 기도실이 있었다)을 찾았다. 아무도 없는 기도실에 앉아 소리 없이 울며 기도했다.

하교로 시끌벅적하던 학교가 얼마 지나지 않아 고요해졌고 눈물을 닦으며 기도실을 나서는데 갑자기 한 친구가 나를 불렀다. 우린 3년 동안 같은 반이 된 적이 없었기에 얘기를 나누진 않았지만 서로 얼굴은 알고 있었던 사이였다. 그 친구는 유명한 한예종 바이올린 교수님에게 사사를 받았기 때문에 예고 진학 대신 영재시험을 봤고 합격을 했다. 그 친구가 나에게 다가오더니 "델라야! 우리 선생님이 그날 심사위원장이었는데 너 노래 너무 잘했대. 그런데 기악은 어린 시절부터 오랫동안 배운 것에 비해 성악은 짧은 시간 배웠고, 또 변성기라는 게 있잖아. 변성기를 지나면서 목소리가 바뀔 수 있는데 어린 나이에 이렇게 노래를 잘하니까 1년만 더 두고 보자고 결론을 내렸대. 그래서 내년에 너 꼭 다시 시험 보래!"라고 얘기를 해줬다.

나랑 인사도 잘 안 했던 친구가 나를 불러서 자기 교수님의 이야기를 전해주는데 갑자기 그렇게 슬펐던 내 마음이 거짓말처럼 괜찮아지는 것이었다. 그리고 바로 임웅균 선생님을 만났는데 선생님도 똑같이 기악과 교수님이 "지금 네가 너무 잘하는데, 어린 시절부터 시작하는 기악에 반해 성악은 늦게 전공을 시작하고 변성기도 있으니 1년만 더 두고 보면 좋겠다는 결론이 났어"라며 얘기를 전해주셨다.

이미 슬픈 마음은 없어졌고 얼마 남지 않은 서울예고 입시를 준비하기 시작했다. 그리고 하나님의 은혜로 성악과 수석으로 합격하게 됐다. 물론 마지막 3학년 2학기 실기시험에서도 1등을 하면서 그토록 부르고 싶었던 〈매기의 추억〉을 졸업생 대표로 부르며 정들었던 예원 교정을 기쁨으로 떠날 수 있었다.

임웅균 선생님과 공부할 수 있었고, 선생님께 배웠기에 내 재능이 빛날 수 있었다. 원석과 같았던 내 목소리를 보석과 같이 만들어 주셨던 임웅균 선생님 덕분에 지금까지 성악가의 길을 걸어올 수 있었다. 나를 향한 하나님의 큰 그림에서 합격과 불합격은 전혀 중요한 게 아니었다. 그저 기도하고 하나님을 신뢰하면 될 뿐이었다.

5. 세상의 방법이 아닌 기도

중학교 때부터 지금까지는 겨울 스포츠는 즐겨본 적이 거의 없다. 예원은 매 학기마다 실기시험이 있었다. 1학기 실기시험은 여름방학 전에 봤고, 2학기 실기시험은 겨울방학 후 2월에 치러졌다. 이 때문에 겨울방학 때는 항상 실기시험 준비 모드로 보내야만 했다. 행여 감기라도 걸릴까봐 스키, 스케이트 같은 겨울 스포츠는 꿈도 꿀 수 없었고, 2박 3일의 교회 수련회도 갈 수 없었다. 하지만 입시가 끝난 3학년은 12월에 실기시험까지 다 끝내고 겨울방학을 맞이했기에, 가벼운 마음으로 예고 입학 준비를 할 수 있었다.

나는 서울예고에서 연대 교수님이신 소프라노 김영자 선생님께 성악을 배웠다. 당시에는 대학교수도 예고 출강이 가능했던 시절이었고, 테너 임웅균 선생님이 "델라 네가 남자 테너에게 배울 수 있는 건 다 배웠으니 이젠 소프라노한테 가서 배워~!"라며 임웅균 선생님의 대학 은사님이신 김영자 선생님을 소개해주셨다.

3학년 겨울방학, 엄마와 함께 김영자 선생님을 찾아갔다. 반갑게 맞아주신 선생님 앞에서 예고 입시곡을 불렀더니 노래를 굉장히 잘한다며 칭찬해주셨다. 이어 "델라는 연대 시험 볼 거니?"라고 물으셨다. 나는 1초의 망설임도 없이 "아니요. 저는 서울대 시험 볼 거예요!"라고 대답했다. 연대 교수님 앞에서 서울대 시험을 보겠다고 당당하게 얘기하는 어린 나를 보며 선생님은 꾸짖기는커녕 "서울대 좋지. 내가 외국에서 자라서 나는 그런 거 안 따져. 오히려 노래 잘하는 학생을 만나면 잘 가르치고 싶은 욕심이 크지"라고 말씀하셨다.

김영자 선생님은 일본에서 예고를 다니셨고, 미국 쥴리어드 음대에서 학사와 석사를 하셨다. 이후 독일 뮌헨 극장 등 유럽에서 활동하시다가 오페라 나비부인 역으로 고국에 초청받으신 최고의 프리마돈나셨다. 지금도 선생님 같은 프로필을 갖기가 어려운데 당시 한국이 어딘지도 몰랐던 그 옛날, 이렇게 활동하셨다는 건 정말 대단한 거였다.

소문에는 예원, 예고 엄마들의 치맛바람이 유명하다고들 한다. 그에 반해 우리 엄마는 아무것도 모르셨다. 주변 분들이 나를 어떻게 서울대 보냈냐고 물어보면 엄마는 "모르겠어요. 그냥 델라가 알아서 갔어요. 나는 기도밖에 안 했어요."라고 대답하셨다.

이 말은 사실이다. 서울대 가겠다는 딸을 연대 교수님에게 데리고 갈 정도로 엄마는 이 세계에 대해서 아무것도 모르셨고 그저 나를 위해 기도만 해주셨다. 그런데 세상의 방법이 아니라 기도로 키우신 덕분일까? '만약 내가 김영자 선생님을 만나지 않았다면 지금의 내가 있을 수 있을까?'라는 생각이 들 만큼 선생님께 많은 걸 배우며 내 실력은 또 한 번 일취월장 했고, 그 덕분에 서울대 면접 때 교수님이 "네가 델라구나~" 라고 반가워해 주실 정도로 내 이름이 알려져 있었다.

우리 부모님은 나에게 큰 힘이 되어주지 못해 미안하다고 가끔 말씀하신다. 하지만 나는 알고 있다. 하나님이 나의 도움이시고 나의 힘이시라는 걸.. 그리고 부모님의 기도 덕분에 내가 이 모든 축복을 누렸고, 지금도 누리고 있다는 걸..

6. 기도 응답과 성장통

서울예고에 입학했을 때 나는 성악과 1등으로 친구들 사이에서 소문이 나 있었다. 그리고 1학년 첫 〈향상음악회〉 때 예원에서 같이 올라온 친구들은 기대하는 마음으로, 다른 중학교에서 온 친구들은 궁금한 마음으로 내 순서를 기다리고 있었다. 당시 영화 파리넬리로 〈Lascia ch'io pianga(날 울게 내버려 두오)〉 라는 이탈리아 가곡이 유명했었다. 나는 그 곡과 한국가곡 〈신아이랑〉을 준비했다.

무대에 섰는데 예원 강당과는 비교도 안 되게 큰 예고 강당에 친구들이 기대에 찬 눈빛으로 나를 바라보고 있었다. 〈향상음악회〉가 끝나고 친구들이 얘기해 줬는데 내가 첫 소리를 낸 순간부터 강당에 찬물을 끼얹듯 조용해졌고, 노래가 끝날 때까지 아무도 움직이는 사람이 없었다고 했다. 그 정도로 집중해서 친구들이 나를 보고 있었으니 어린 내가 그날 무대에서 내려와 다리가 풀렸던 건 어찌 보면 당연한 거였다.

몇 년 전, 고등학교 졸업 후 처음 만난 예고 성악과 동기가 "1학년 향상음악회 때 내가 네 노래 처음 듣고 노래 포기해야겠다고 생각했었잖아!"라며 같이 있던 후배에게 "델라는 예고 1등을 넘어 그냥 전설이었어!"라고 얘기했다.

하나님의 은혜로 예원에 이어 예고에서도 대표로 노래하는 자리에 서는 내가 노래를 할 수 있었다. 미션스쿨인 서울예고는 매년 부흥회를 하는데 부흥회 때 2학년 성악과 1등이 특송으로 〈주기도문〉을 불렀다. 나는 주기도문을 부르는 선배 모습을 보며 '하나님 저도 저 노래 부르고 싶어요.'라고 기도를 했었고, 기도의 응답으로 2학년이 됐을 때 〈주기도문〉을 부를 수 있었다.

그리고 5월이면 서울예고의 가장 큰 행사 중 하나이자 예고 음악과 학생들의 꿈의 무대인 〈서울예술고등학교 음악회〉가 예술의전당 콘서트홀에서 열렸다. 오디션을 통해 3학년 재학생 중 성악, 피아노, 현악, 관악 연주자를 뽑았고, 뽑힌 학생은 1, 2학년으로 구성된 후배 오케스트라와 협연을 하는 그야말로 그해 서울예고를 대표하는 학생으로 뽑히는 꿈의 무대였다.

1, 2학년 성악과와 피아노과 학생들은 합창을 하기 때문에, 나는 1

학년 첫 예고 연주회를 예술의전당 합창석에서 봤다. 3학년 성악과 선배가 나와 노래를 부르는데 너무 부럽고 나도 꼭 저 무대에 서고 싶다는 생각이 들었다. 그래서 그때도 선배의 뒷모습을 보며 하나님께 기도를 드렸다.

'저도 꼭 3학년 때 저 무대에 설 수 있게 해주세요.'

그리고 기도 응답으로 나는 예술의전당 콘서트홀에서 당시 한양대 교수님이자 최고의 지휘자이신 박은성 선생님과 예고 연주회에서 협연을 할 수 있었다. 오케스트라 리허설 전 교수님과 피아노로 먼저 리허설을 하는데 "델라야~ 너 노래 잘한다. 나중에 나랑 음반 내자!"라고 하셨다.

예고 학생들은 물론이며 타학교 학생들까지 콘서트홀을 가득 채우며 예술의 전당이 떠나갈 듯한 박수와 환호를 나에게 보내 주었다. 예고 연주회는 하나님의 은혜 가운데 잘 마칠 수 있었고, 시간이 한참 흐른 지금까지도 그날을 생각하면 그때의 환호와 박수 소리가 귓가에 맴돌며 하나님께 기쁨과 영광을 올려드린다. 이후 내 노래 영상은 서울예고뿐 아니라 다른 예고 학생들까지 돌려 보는 전설의 영상이었다며 후배들이 전해줬다.

또한, 서울예고는 졸업식이 아닌 마지막 졸업예배 때 성악과 1등이

〈평화의 기도〉라는 찬양을 부르는데 이때도 기도 응답으로 내가 특송을 했다. 그리고 하나님은 서울대 합격까지 나의 기도 소리에 응답해 주셨다. 하지만 하나님은 많은 기도 응답과 함께 내가 전혀 생각지 못했던, 감당하기 어려운 〈성장통〉도 주셨다. 그 첫 번째 〈성장통〉은 다시는 내가 노래를 할 수 없을 수도 있다는 청천벽력 같은 소식이었다.

7. 청천벽력 같은 소식

고등학교 1학년 5월, 눈을 뜨기 어려울 정도로 통통 부은 눈으로 학교에 갔다. 친구들도 선생님도 모두 날 보고 무슨 일인지 걱정을 했다. 누가 봐도 심상치 않은 일이 벌어졌음을 직감할 수 있을 정도로 내 얼굴과 눈이 통통 부어 있었기 때문이다. 평소 나를 예뻐해 주셨던 음악과 선생님이 나를 불러 물어보셨다.

"델라야! 너 무슨 일이니?"

질문에 그 앞에서 울음을 터뜨리며 답했다.

"선생님.. 저 결절이래요. 의사 선생님이 저 평생 노래를 못 할 수도 있대요."

이 일이 있기 며칠 전부터 목소리가 자꾸 쉬기 시작했다. 처음엔 '감기 걸렸나?' 생각했었다. 살면서 낭랑한 목소리가 아닌 쉰 목소리는 처음이었기에 무슨 일이 있을 거라고는 전혀 예상하지 못했다. 감기는 시간이 지나면 좋아지는데 내 목은 시간이 지날수록 더 나빠지는 것이었다. 목이 갈라지고 쉬면서 나중에는 아예 목소리가 잘 나오지 않게 됐다. 뭔가 내 목에 문제가 생겼구나 하고 우리나라 최고의 성대 권위자이신 문영일 박사님을 소개받아 이대병원에 엄마와 함께 갔다. 병원을 갈 때까지만 해도 주변에서 노래하다 보면 가끔 목이 쉴 수 있다고 해서 크게 걱정하지는 않았었다.

그런데 선생님은 내 목소리를 들으시더니 심각한 얼굴로 검사 몇 가지를 해보자고 하셨다. 성대 내시경부터 목소리 파동, 호흡 폐활량 측정 등 여러 검사를 했다. 가벼운 마음으로 병원에 갔다가 처음 하는 낯선 검사들을 받으며 점점 긴장되기 시작했다.

검사 결과를 들으러 다시 문 박사님 진찰실을 찾았다. 박사님은 결절이 있다고 말씀하셨다. 성대 오른쪽과 왼쪽 두 군데 다 결절이 있는데 크기가 꽤 크다고 말씀을 하셨다. 3주 동안 약을 먹고 절대로 말하지 말고 집에서 크래커 치료를 하라고 하셨다.

"3주 동안 열심히 하면 결절이 없어지고 연습을 할 수 있을까요? 6월에 실기시험이 있거든요."

문 박사님은 결절 크기가 꽤 커서 3주 만에 절대 가라앉을 수 없고, 이 정도면 결절이 굳어질 수 있는데 만약 그렇게 되면 나는 더 이상 노래를 못 할 수도 있다는 청천벽력과 같은 말씀을 하셨다. 이제 막 예고에 들어가서 성악가의 부푼 꿈을 안고 아무 근심 걱정 없이 친구들과 재밌게 보내고 있는, 겨우 16살인 나에게 노래를 다시는 못 할 수도 있다는.. 단 한 번도 상상조차 해본 적 없는 말씀을 하셨다. 나도 엄마도 너무 충격이었고 그날 집에서 얼마나 울었는지 지금까지도 내 인생에 있어 그날처럼 눈이 부은 적은 없었다.

부모님은 내 목에 손을 얹고 수시로 기도해 주셨고, 크래커 운동을 할 때는 주기도문을 하면서 운동을 하라고 하셨다. 학교에서 친구들은 내가 입도 뻥끗 못하게 감시하면서 말 대신 글을 쓰라며 노트와 펜을 챙겨줬다. 노래 레슨은 당연히 쉴 수밖에 없었다. 매일매일 가족들과 결절이 낫기만을 기도하며 3주를 보냈고 나는 다시 병원을 찾았다. 문 박사님은 나에게 "걱정 많았을 텐데 잘 지냈니?"라고 물어보셨다.

"선생님, 목소리가 많이 회복된 것 같아요. 쉰 소리가 없어졌어요."

"결절이 꽤 커서 3주 만에 성대가 호전되기에는 많이 어려울 거야. 그래도 어디 얼마나 좋아졌나 한 번 볼까?"

많이 기대하고 있는 내가 혹시라도 실망할까 봐 위로해주시듯 다정

하게 말씀하시며 내 성대를 보셨는데

"어! 결절이 많이 가라앉았어! 크기가 거의 다 줄었어!"

박사님은 놀라며 말씀하셨고 이렇게 빨리 좋아질 수가 없다며, 기적 같은 일이라고 말씀하셨다. 나도 엄마도 박사님도 모두 너무 기뻐했다.

기적처럼 고쳐주신 하나님께 감사하며 다음 날 바로 김영자 선생님께 레슨을 갔다. 3주 만에 내 노래를 들으신 선생님은 엄미한테 "저 목소리가 어떻게 결절이 있는 소리예요?!"라며 "델라는 노래할 때 눈빛이 살아나고 생기가 돌아요."라며 노래에 특별한 재능이 있는 아이라고 말씀해주셨다. 그리고 며칠 후 실기시험에서 1등을 하며 또 한 번 하나님의 기적을 맛보았다.

8. 미국에서 걸려온 전화

1학년 1학기, 예고 음악과 게시판에 미국 〈Carnegie Mellon University〉 입학 오디션을 예고 학생들을 대상으로 여름방학 때 볼 예정이라는 공고가 붙었다. 무심코 지나가다 읽었던 공고문에 대해 엄마한테 얘기했더니 엄마는 오디션을 보자고 했다. 그리고 오디션 당일 예고 강당에는 〈Carnegie Mellon University〉에서 오신 플룻 전공 교수님과 통역하는 분이 계셨고, 플룻 교수님은 심사를 위해 학생들의 오디션 연주를 직접 녹음하셨다. 나는 마지막 순서였고, 노래가 끝나자 그 교수님은 내게 오시더니 '너무 아름다운 목소리를 가졌고, 노래를 잘한다.'라며 칭찬해주셨다. 그리고 '우리 대학에 미미러너 라는 정말 좋은 성악과 교수님이 계시는데 그분과 공부하면 좋을 것 같다.'라고 하셨다.

얼마 후, 미국에서 집으로 전화가 왔다. 플룻 교수님이 말씀하신 미미러너 성악과 교수님이셨다. 녹음한 내 노래를 들었고, 플룻 교수님께 내 얘기를 들었었는데 꼭 우리 학교에서 자신과 공부하면 좋겠다는 연락이었다. 이후 〈Carnegie Mellon University〉로부터 서류를 받았다. 그 서류를 음악과 선생님께 가져갔는데 선생님은 쭉 읽어보시더니 "델라야~ 너 정도면 쥴리어드 장학생으로도 갈 수 있는데 굳이 여길 안 가도 될 것 같아~!"라고 말씀하셨다. 나도 꼭 유학을 가고 싶어 오디션을 본 것은 아니었고, 막상 가족과 떨어져 혼자 미국에 가는 것도 무서웠기에, 우리 가족은 내가 한국에서 서울대를 가기로 결론을 내렸다.

그렇게 한국에서 입시를 준비하고 있었는데, 당시 서울대 수시 지원 자격 조건 중 하나가 콩쿠르 수상 경력이었다. 나는 중학교 때 음악저널 콩쿠르에서 대상을 받았고, 그 이후 한 번도 콩쿠르를 나가지 않았다.

콩쿠르를 나가지 않았던 이유는 초등학교 6학년 때 교내에서 음악 콩쿠르가 열렸는데, 내가 콩쿠르에 참가한다는 소문을 듣고 다른 학부모들이 교장 선생님에게 '델라가 나오면 델라가 1등할테니 우린 기권하겠다'라며 말씀을 드렸고, 이에 교장 선생님은 엄마에게 내가 이번 콩쿠르는 안 나오면 어떨지 권유를 하셨다. 이에 엄마는 "당연히 다른 아이들도 1등 해야죠!"라며 내가 콩쿠르에 안 나가는 것으로 얘기를 나누셨다.

이후로도 엄마는 '다른 아이도 1등 해야지'라는 마음을 늘 갖고 있었다고 한다. 그리고 '서울예고 1등이면 그 해 1등인 거지' 생각하고는 나를 콩쿠르에 내보내지 않으셨다. 그러다 보니 고등학교 콩쿠르 수상경력이 하나도 없었던 나는, 서울대 입시를 위해 고2 말 무렵 권위 있는 성악 콩쿠르에 나가기로 했다.

대학입시가 달린 문제라 준비한 콩쿠르에서 1등을 하기 위해 열심히 준비했다. 본선에 진출했고 노래도 준비한 대로 정말 잘 불렀다. 무대를 끝내고 엄마와 감사 기도를 드린 후 눈을 떴는데 선생님 한 분이 서서 우릴 기다리고 계셨다. 그리고 자신이 1회부터 지금까지 이 콩쿠르를 다 봤지만 이렇게 잘하는 노래는 처음이라며 흥분과 감격에 찬

목소리로 칭찬해주셨는데 그 모습은 아직도 잊을 수가 없다. 주변에서는 모두 내가 1등 할 거라 했고, 어떤 실수도 없이 좋은 컨디션으로 노래도 잘 불렀기에 내심 기대하며 결과를 기다리고 있었다. 드디어 시상식이 시작했다. 3등부터 호명을 했는데…내 이름이 불리는 게 아닌가!

"3등, 신델라!"

너무 놀랐지만 내색하지 않고 일어나 단상에 올라가 수상을 했다.

시상이 끝난 후 엄마 차에 탄 순간 꾹꾹 참았던 눈물이 굵은 빗방울처럼 뚝뚝 떨어지더니 나는 이내 서럽게 소리 내어 울기 시작했다. 도대체 내가 왜 3등을 했는지.. 태어나 처음으로 마주하는 이 현실이 믿어지지가 않았다. 걷잡을 수 없이 엉엉 우는 나를 엄마는 달래느라 한참동안 시동조차 걸지 못했다.

집에 도착하자 아빠는 수고했다며 나를 안아주는데 또다시 눈물이 왈칵 쏟아졌다. 시간이 지날수록 속상함과 서러움이 북받치며, 급기야

"나 노래 안 해! 어떻게 이런 일이 있을 수가 있어! 하나님이 어떻게 이럴 수가 있어!"

억울함을 넘어 노래 안 하겠다고 울고불고 난리를 쳤고, 그런 내 모습에 부모님은 속수무책이었다. 그렇게 얼마나 흘렀을까?.. 갑자기 따르릉 따르릉 유난히 큰 소리로 전화벨이 울렸다. '이 시간에 누구지?' 너무 깜짝 놀라 시계를 보니 밤 11시 40분쯤이었다.

전화 속 주인공은 바로 〈Carnegie Mellon University〉의 미미러너 교수님과 그 대학의 한국 유학생이었다. 미미러너 교수님은 내가 작년에 입학서류를 넣지 않자 내 목소리를 잊지 못하시고 1년이 지나 또 전화를 주셨고, '혹시 지난번 통화 때 영어로 인해 교수님의 의견이 잘 전달되지 않은 건가'란 생각에 첼로를 공부하고 있는 한국 유학생을 옆에 데려와 우리에게 자신의 의사를 정확히 전달하기 위해 통역을 부탁하셨다.

한 해가 지났지만 감사하게도 나를 잊지 않고 전화를 주신 미미러너 교수님은 우리 부모님에게 월반 제도를 통해 고등학생인 나를 바로 Carnegie Mellon University의 대학생으로 입학시켜 잘 가르치고 싶다고 말씀하셨고, 내가 원하는 길로 최대한 서포트를 해주시겠다고 말씀하셨다. 우리 부모님은 감사 인사를 드렸고 "이제 곧 고3이라 유학 대신 한국에서 고등학교를 졸업하려고 합니다."라고 정중히 말씀드렸다. 언제든 도움이 필요하면 나를 도와주시겠다며 마지막까지 배려를 아끼지 않으셨던 미미러너 교수님과의 통화는 지금도 잊을 수가 없다.

'하나님이 울고불고 난리 치는 내 모습을 다 보고 계셨구나..' 엄마, 아빠도 어찌하지 못한 채 속수무책으로 당황하고만 있었던 그 상황 속에서 하나님은 머나먼 미국 땅에 계신 미미러너 교수님을 통해 직접적으로 나를 진정시키며 위로해주셨다. 교수님과 통화 후 어린 아이처럼 노래를 그만두겠다며 난리 쳤던 마음이 거짓말처럼 가라앉았고, 하나님이 나의 모든 것을 보고 계심을 강하게 느끼면서 하나님이 얼마나 나를 사랑하시는지.. 말 할수 없는 감사와 감격이 밀려왔다. 그리고 '다시 시작한다!'는 마음으로 대학입시와 예고 연주회 오디션을 준비했다.

이후 나는 다른 두 콩쿠르에서 모두 1등을 했고, 3등을 했던 ○○콩쿠르의 경력을 제외한 채 수시 원서를 작성했다. 그리고 놀랍게도 수시 면접 때 또 한 번 하나님의 위로를 경험했다. 수시 면접에 들어오신 교수님 중 한 분이 당시 그 콩쿠르 심사위원이셨는데, 내 프로필에 그 콩쿠르 경력이 빠져 있는 걸 보시고 "너 작년에 ○○콩쿠르 나가지 않았니?" 물어보셨다. 나는 놀란 토끼 눈으로 아무 대답도 못한 채 서 있었는데, 그 순간 마치 1년 전 그날의 아픔을 하나님께서 치유해 주신 것 같은 느낌이 들면서 그날의 슬픔이 눈 녹듯 거짓말처럼 사라져 버렸다.

내 인생에서 단 두 번의 통화였지만 그 조차도 아빠가 했기에 나는 목소리도 들어본 적 없고 얼굴도 본 적 없는 분.. 그렇지만 내 인생에 있어 절대 잊을 수 없는 감사한 분이 바로 미미러너 교수님이다. 내가 그분을 기억하듯 그분도 나를 기억하고 계신다면 그래서 언젠가 우리가 만난다면 그건 진짜 영화 속 한 장면 같지 않을까?!!

9. 내 목소리의 방향성

어릴 적 서울로 이사 오기 전까지는 군의관이셨던 아빠를 따라 군대 안에 있는 교회를 다녔다. 군 교회라 어린이 주일학교는 따로 없었지만 10명 정도 되는 주일학교 아이들은 예배를 드린 후 국군 장병 아저씨들과 스머프 놀이 등을 하며 재밌게 놀았다. 그래서 주일학교의 빈자리를 특별히 느끼지 않고 교회에서 자랐던 것 같다.

서울로 이사 온 후 부모님은 우리 남매를 좋은 주일학교에 보내기 위해 집 주변 몇몇 교회에 가서 직접 예배를 드렸다. 그리고 부모님의 추천으로 현재 예수사랑교회 김진하 목사님이 개척하셨던 온누리교회를 다니기 시작했다. 거기서 나는 주일학교와 중등부 생활을 하며 성경공부, 문학의 밤, 수련회, 새벽송, 찬양단, 성경퀴즈대회 등 다양한 교회 활동을 했고 중학교 때 잠깐 배웠던 플룻으로 예배를 섬기기도 했다. 그야말로 집, 학교, 교회, 레슨 이렇게 네 군데만 다니며 중학생 시절을 보냈던 것 같다.

중학교 3학년을 마치고 우린 강남으로 이사를 하게 됐고 정들었던 교회도 떠나게 됐다. 새로운 곳에서 교회를 찾던 중 최이식 목사님과 조근흥 목사님(당시 전도사님)의 화광교회에서 예배를 드렸다. 나는 고등학생이었지만 교회에서 큰 행사가 있을 때마다 특송을 자주 했었다. 그리고 그날의 일은 아직도 잊을 수가 없다.

　　고등학교 1학년 때, 화광교회에서 미국에 계시는 목사님과 사모님을 위한 세미나를 2박 3일 동안 했다. 3일 동안 우리나라를 대표하는 목사님들이 오셔서 설교를 전해주셨고 나는 첫째 날 특송을 불렀다.

　　특송은 〈주기도문〉으로 해외에서 오신 목회자분들을 위해 영어 가사로 불렀다. 예배 후 화장실에서 사모님 한 분을 만났는데.. 그분이 날 보자마자 내 손을 덥석 잡으시더니 "찬양 너무 잘 들었어요. 사실 내가 정말 힘든 일이 있어 가슴에 응어리가 있었는데, 목사님 설교 말씀을 듣고도 풀리지 않았던 그 응어리가 〈주기도문〉 찬양을 듣고 싹 없어졌어요. 너무 고마워요!"라며 눈물을 글썽이셨다. 고등학교 1학년이었던 나는 그 얘기의 의미가 얼마나 대단한 건지 잘 몰랐다. 그날 설교하신 목사님은 나도 알 정도로 대단하신 분이었데 내 찬양에서 하나님의 터치하심이 있었다는 것이 마냥 신기했고, 칭찬을 받았다는 거에 기뻐하며 부모님께 얘기를 전했다. 듣자마자 부모님은 "하나님께 너무 감사드린. 델라야! 사람의 마음을 움직이는 성악가로 온전히 하나님께 쓰임 받길 축복한다!"라며 축복해 주셨다.

'축복'하면 떠오르는 분이 계신다. 고등학교 3학년 때부터 지금까지 나를 위해 기도해주시고 축복해주시는.. 나의 은사님이신 박순복 교수님이시다. 선생님은 원조 미녀 소프라노로서 당대 최고의 명성을 날리셨다. 실력과 인성뿐 아니라 믿음까지 좋은 선생님은 늘 나를 위해 기도해주셨고, 노래가 안 될 때면 하나님께 지혜를 구하라고 말씀해주셨다. 그리고 지금까지도 매일 아침 성경 구절을 보내주시며 나를 축복해주신다.

하나님은 어린 나에게 내 노래가 어떤 방향으로 가야 하는지 그날 만난 사모님을 통해 짧지만 명확하게 알려주셨다. 성악가로 경력이 쌓일수록, 신앙이 깊어질수록, 이날의 기억은 나의 자랑거리가 아닌 내 목소리를 위한 기도 제목의 방향을 구체적으로 잡아주는 등대와 같은 역할을 하고 있다. 부족하고도 부족한 내가 온전히 하나님의 도구로 '많은 사람의 마음을 움직이는 성악가'로서 나의 목소리가 사용되기만을 간절히 기도한다.

3부

1. 꿈에 그리던 캠퍼스 생활
2. 생애 첫 아웃리치
3. 노래, 그냥 부르는데요
4. 대학교 2학년, 오페라 여주인공 데뷔
5. 결절은 하나님의 도구

1. 꿈에 그리던 캠퍼스 생활

학창시절 혼자 있을 시간에도, 길을 걷다가도, 가정 예배를 드릴 때도 늘 기도했었다.

'하나님, 서울대학교 성악과에 꼭 합격하게 해주세요.'

하나님은 간절한 나의 기도를 들어주셨고 당당히 꿈에 그리던 서울대학교에서 캠퍼스 생활을 시작하게 되었다. 그리고 서울대학교에 입학하던 그해 3월, 봄날의 기억은 아직도 나를 설레게 한다.

서울대입구역에서 학교까지 도착하는 길은 거리도 멀 뿐 아니라 언덕길이라 차마 걸어갈 엄두가 나지 않았다. 택시나 버스를 타고 정문에 도착하면 관악산이 품고 있는 학교가 얼마나 넓은지 눈이 휘둥그레졌다. 학교 안에는 스쿨버스 뿐 아니라, 일반 버스 정류장이 군데군데 설치되어 운행하고 있었다. 교양수업을 듣기 위해 음대에서 사회대, 인문대, 자연대로 갈 때면 학교가 넓어 걸어가기가 힘들어 동기 오빠들이 스쿠터로 한 명씩 옮겨 주며 이동하기도 했다. 물론 나중에는 학교 지리에 익숙해져 걸어 다녔지만, 첫 한 달 동안은 어디가 어딘지 몰라 사이좋고 끈끈하기로 유명했던 우리 동기들은 우르르 몰려다녔다.

그렇게 그해 3월, 꿈에 그리던 대학 생활이 시작되었다.

기억에 남는 새내기 시절 일화 중 하나는, 나와 동기들은 신분증을 검사하는 상황이 생기면 주민등록증 대신 학생증을 내밀었다. 학생증을 확인한 어른들은 "오~~ 서울대생이네!" 라며 한껏 우리를 추켜세워 주셨고, 그때 밀려오는 뿌듯함은 어린 시절 우리들의 어깨를 으쓱이게 했다.

2. 생애 첫 아웃리치

대학교 1학년, 나는 부모님과 함께 동부이촌동에 위치한 온누리교회 성인 예배를 드리러 갔다. 그리고 그해 4월, 대학부에 등록하면서 현재까지 이재훈 위임목사님이 계시는 온누리교회 성도로 섬기고 있다.

이단과 사이비 종교로 혼란스러운 이 시대 가운데, 매주 온누리교회에서 이재훈 목사님의 설교 말씀에 은혜받으며 온전히 말씀 안에서 올바르게 신앙이 성장할 수 있음에 감사드린다. 만날 때마다 환하게 웃으며 따뜻하게 맞아주시고, 기도 해주시는 목사님과 사모님께 늘 감사드리며, 이렇게 좋은 교회에서 신앙생활을 할 수 있음이 큰 축복이기에 하나님께 감사드린다.

당시 대학부 예배는 그야말로 뜨거웠다. 가끔 대학부 친구들을 만나면 그때 그 뜨거웠던 열정을 추억하곤 한다. 찬양과 설교로 2시간 30분 동안 드려지는 예배, 그리고 바로 이어지는 순 모임, 그 후에 친구들과 모여 저녁 먹으며 나누는 교제까지 그야말로 주일 반나절 이상을 교회에서 보내면서도 그 시간이 전혀 지루하거나 힘들지 않았다. 오히려 일주일 중 주일 예배가 가장 기다려졌고, 예배 후 친구들과의 교제는 세상에서 누릴 수 없는 기쁨을 가져다줬다.

여름방학이 되어 대학부에서는 대만 아웃리치를 준비했다. 우리 조는 아웃리치 준비를 위해 평일과 주일에 만나서 기도 모임을 했고, 생애 처음 떠나는 아웃리치에 나는 마냥 들떠있었다. 그런데 아웃리치를 떠나기 며칠 전 갑자기 우리 조원 중 한 명이 집안 사정이 어려워져 아웃리치를 갈 수가 없을 것 같다며 기도 제목을 내놓았다. 사이가 돈독했던 우리 조에게 그 조원의 사정이 내 일처럼 안타깝게 다가왔고, 학생이었던 우리가 도울 수 있는 건 오직 기도밖에 없었다. 그리고 며칠 후, 나는 부모님께 언니의 안타까운 상황을 전했는데 아빠가 즉시 "내가 도와줄게." 하시며 걱정하지 말라고 얘기해 주셨다. 그렇게 우리 조의 기도 제목은 아빠를 통해 응답 되었고 우리 조는 전원 참석하는 기쁨을 누렸다.

대만의 여름은 상상을 초월할 만큼 더웠다. 좋은 호텔에서 맛있는 식사를 하며 편안하게 보냈던 가족여행과 달리 아웃리치는 학교에서 단체로 숙박, 숙식이 이루어졌다. 더운 여름에 그리 쾌적하지도, 편안하지도 않은 환경이었다.

낮에는 땡볕에 나가 사영리 책자를 들고 처음 만난 대만 사람들에게 전도를 했다. 한국에서도 전도를 안 해봤던 내가 대만의 길거리에서 전도할 거라고는 상상도 못했다. 2인 1조로 처음 하는 길거리 전도에 내 친구와 나는 한참을 머뭇거리다 엄청 마음속으로 기도하며 용기를 내 걸어가는 한 사람을 붙잡고 소심하게 인사를 건넸다. 그런데 그 사람이 상냥하게 우리를 맞이해줄 뿐 아니라 놀랍게도 사영리 책자까지 다 읽어가며 복음을 받아들이는 것이었다.

'나라면 과연 그랬을까? 나라면 분명 모르는 사람이 와서 말 걸면 그냥 지나쳤을 텐데, 어떻게 처음 듣는 복음까지 이 사람에게 들어갈 수 있지?'

그저 신기하고 놀라울 뿐이었다. 그 이후 조금 더 용기를 내 한 명 한 명 붙잡고 전도를 했는데, 그때마다 대만 사람들이 기적처럼 하나님을 믿겠다며 사영리를 읽어나갔다. 쭈뼛거리며 소심했던 나와 내 친구는 어느덧 전도의 용사가 되어 있었고, 아웃리치 마지막 날에는 전도에 불이 붙어 지나가는 사람들을 붙잡으며 예수님을 전했다. 낮에는 복음을 받아들이는 사람들을 보면서 벅차오르는 알 수 없는 기쁨을 맛보았고, 저녁에는 집회 때마다 부어주시는 하나님의 깊은 은혜를 경험했다. 성인이 되어 누리는 첫 기쁨이 세상 사람들이 즐기는 술과 담배가 아닌 성령체험이었음이 얼마나 감사한지 모른다.

그리 쾌적하지도, 편안하지도 않은 낯선 환경 속에서 그 어떤 말로도 표현할 수 없는 기쁨을 누렸던 은혜는 전혀 이성적으로 납득할 수도 없고 논리적이지도 않지만 내 인생 첫 아웃리치의 아름다운 기억으로 남아 있다.

3. 노래, 그냥 부르는데요

〈향수〉의 주인공, 국민 테너 박인수 교수님은 나의 서울대학교 은사님이시고, 나는 교수님의 첫번째 여자 제자이다. 학교에 입학하면 학생들은 실기 지도교수 신청서를 작성하는데, 1지망부터 7지망까지 배우고 싶은 교수님의 성함을 순서대로 적어 제출하면 이를 바탕으로 학교에서 지도교수님을 배정해준다

어린 시절, 우연히 TV에서 가수 이동원님과 〈향수〉를 부르는 선생님의 모습을 보면서 '서울대에 가면 꼭 저 선생님께 노래를 배워야지' 다짐을 했었다. 성악은 성별에 따라 소프라노, 엘토, 테너, 베이스 등 성부가 나뉘어져 있기에 성별과 성부에 맞춰 지도 교수님을 선택하는

것이 일반적이다. 하지만 나는 서울대에 합격하면서 어린 시절 다짐했던 대로 지도교수 신청서 1지망에 '박인수 교수님' 딱 한 분만 적어 제출했다. 그렇게 선생님과 일면식도 없던 나는 당당히 박인수 클래스의 첫번째 여 제자가 되었고 이 소식은 성악과에서도 재밌게 받아 들여지는 소식이었다.

3월 첫 레슨날, 우리 클래스는 1학년부터 대학원생까지 선생님 방에 다 모여 있었다. 열 명이 넘는 오빠들 사이에서 나 혼자 여자였지만, 내가 어색하지 않도록 잘 챙겨준 오빠들 덕분에 클래스 생활에 어려움이 없었다. 드디어 우리 선생님을 처음 만나는 순간.. 문을 열고 들어오시는데 덩치 큰 오빠들이 동시에 일어나 굵은 목소리로 "안녕하십니까!" 고개 숙여 인사를 하는 모습이 꼭 조폭들 같아 웃음이 나왔다. 영화배우 못지않은 박인수 선생님의 멋진 아우라는 아직도 생생하다. 오빠들은 "선생님~ 여기 신델라요. 어떻게 여자 제자를 받으셨어요?" 라고 물어봤고 선생님은 "어~ 그렇게 됐어!"라며 반갑게 내게 인사를 건네 주셨다.

1학년은 첫 번째 순서로 선생님과 선배들 앞에서 노래를 불렀다. 드디어 내 차례가 왔고 두근거리는 마음으로 이탈리아 가곡을 불렀다. 내 노래가 끝나자마자 선생님이 물어보셨다.

"델라야~ 너는 노래를 어떻게 부르니?"

"노래.. 그냥.. 부르는데요."

노래를 어떤 방법으로 부르냐는 질문에 호흡을 어떻게 쓰고 소리는 어떻게 내는지 자세한 설명 대신 그냥 부른다는 예상치 못한 단답형에 선생님은 당황한 기색이 비쳤고, 그런 선생님을 보며 오빠들은 키득키득 웃었다.

"그러면 노래를 한 번 더 부르는데 이번에는 호흡을 어떻게 사용하는지, 소리를 어떤 방법으로 내는지 잘~ 생각하면서 다시 불러 봐."

선생님 말씀에 다시 노래를 끝까지 불렀다.

"자, 노래를 어떻게 불렀어? 설명해 봐!"

나는 곰곰이 생각하다 답했다.

"입 벌려서 소리 냈는데요. 진짜 그냥 불렀어요."

오빠들 같았으면 교수님 질문에 잘 모르겠으면 무슨 말을 만들어서라도 대답을 했을 텐데 '그냥 불렀다'며 교수님께 그것도 당대 최고의 테너인 박인수 선생님께 다시금 똑같이 대답하는 이 상황이 너무 재밌었는지 새어 나오는 웃음을 참지 못하고 오빠들은 더 크게 키득키득 웃었다.

그런데 선생님은 처음처럼 당황해하지 않으시고 오히려 고개를 끄덕거리시며 말씀하셨다.

"델라 얘는 노래가 타고났어. 그래서 진짜 얘 말처럼 얘는 노래를 어떻게 부르는지 그 방법을 모르는 거야. 입 벌리면 소리가 난다는 말이 맞는 거지. 델라 너는 타고났기 때문에 굉장히 쉽게 노래를 잘 부르는데 너처럼 타고난 사람들이 어느 날 노래하는 길을 잃어버리면 노래하는 방법을 알지 못해 다시 길을 찾기가 굉장히 어렵고 시간도 오래 걸리거든. 수많은 대가들이 슬럼프에 빠졌다가 다시 길을 찾지 못해 힘들어하는 경우를 많이 봤는데 너도 그럴 수 있으니까 대학 4년 동안 네가 노래를 어떻게 부르는지 잘 생각하면서 공부하면 좋을 것 같아."

이것이 선생님의 첫 레슨, 첫 코멘트였다.

사실 아직도 나는 노래를 어떻게 부르는지 잘 모른다. 그냥 반주에 맞춰 노래를 부를 뿐이다. 프로로서 무대에서 활동하고 있는 지금.. 타고난 재능은 나를 교만하게 게 만드는 것이 아니라 오히려 하나님을 더 붙잡게 만드는 도구가 되고 있다. 나에게 재능을 주신분이 하나님이시라는 걸 누구보다 잘 알기에 나의 기도가 발성의 시작과 끝이며, 나의 성대에 하나님의 기름 부으심이 없다면 나는 아무 것도 아니라는 걸 잘 알고 있다. 그리고 오늘도 나는 내 재능이 아닌 하나님만을 믿고 무대에 오른다.

4. 대학교 2학년, 오페라 여주인공 데뷔

대학교 1학년 겨울방학을 맞아 집에서 쉬고 있는데 핸드폰이 울렸다. 박인수 선생님이셨다.

"델라야, 너 내가 오페라 '사랑의 묘약' 주인공 '아디나'로 추천했으니까 잘 해봐!"
"네?? 선생님, 저 오페라는 해 본 적이 없는데요..?"
"델라야, 넌 할 수 있어!"

당황스럽고 당혹스러운 전화였다. 오페라를 해본 적도, 배워 본 적도 없는 나에게 오페라라니.. 그것도 주인공.. 게다가 대학생 공연이 아니라 프로 연주자들과 함께 구성된 오페라 공연이라니! '내가 과연 주인공을 감당할 수 있을까' 하는 걱정과 함께 어안이 벙벙했다.

우선 오페라부터 배워야 했다. 하지만 배울 곳이 없었다. 가르쳐 주실 선생님도 계시지 않았다. 오페라는 대학교 1학년 때부터 코스를 밟아 배워도 부족할 만큼 어려운 장르인데 그걸 독학으로 터득해야만 하는 상황이었다.

할 수 없이 사랑의 묘약을 독학으로 연습을 했다. 기한이 여유가 있었던 것도 아니었고, 테크닉을 배울 수 있는 것도 아니다 보니 점차 목에 부담이 오기 시작했다. 그러나 내 목을 돌볼 상황이 아니었기에 계속해서 연습을 이어갔고, 결국 일이 터지고 말았다. 성대결절이 온 것이었다.

노래는 물론 말을 할 때도 쉰 소리가 났다. 성대결절은 목을 쉬는 것 말고는 방법이 없었다. 노래를 쉬면 목소리가 조금 돌아왔고, 연습을 하면 다시 목이 쉬는 악순환이 반복됐다. 이런 나를 보며 연출부에서도 걱정하기 시작했다. 오페라를 처음 하는 신인인데 결절로 연습도 제대로 할 수 없으니 불안한 건 어찌 보면 당연했다. 노래는커녕 말조차 할 수 없는 이 상황이 불안하고 초조한 건 나 역시 마찬가지였다. 하지만 무서워하며 웅크리고만 있을 순 없었다.

엄마와 함께 매일 새벽기도를 나갔다. 목 상태를 보면 조금이라도 더 쉬어야 하는 상황이었지만 엄마와 나는 새벽기도를 선택했다. 아니, 하나님을 찾았다. 매일 기도로 답을 구했다. 그리고 기적적으로.. 나의 첫 오페라 데뷔 무대는 관객들의 큰 박수갈채 속에서 성공적으로 마쳤다.

당시 오페라단 단장님이시고 지휘자로 활약하셨던 안희복 선생님은 세월이 한참 지난 지금까지도 나를 만나면 "그때 사랑의 묘약 너무 잘했어!"라며 연신 칭찬해주신다.

박인수 선생님도 "내가 델라를 오페라에 추천했는데 그 어린것이 떨지도 않고 어찌나 잘하던지 놀랐어!" 라며 아낌없이 칭찬해주시며 그날을 회상하신다. 그리고 "나는 델라 너의 자연스러운 발성과 자연스러운 목소리가 참 좋아!" 라며 늘 격려와 응원을 아끼지 않으셨다.

어떻게 성대결절이 사라졌는지, 독학으로 공부한 오페라를 어떻게 성공적으로 마칠 수 있었는지는 알 수 없다. 이 모든 건 하나님이 하신 것이다. 나로서는 도저히 그 방법을 알지 못한다. 그저 나는 간절히 기도했을 뿐이고, 살아계신 하나님이 기적을 베풀어 주셨다.

5. 결절은 하나님의 도구

하나님의 은혜로 오페라는 무사히 마쳤지만, 그때 생긴 결절은 대학 생활 내내 나를 괴롭혔다. 노래를 조금만 부르면 재발하고 다시 괜찮아졌다가 또, 재발하고.. 그러다 보니 학교 발표회나 실기시험이 있으면 연습은커녕 레슨도 받지 못하고 목이 괜찮아지기만을 기다리다가 발표회나 실기시험이 있는 당일에만 노래를 하곤 했다.

병원에서는 이 결절이 없어지는 건 불가능 하다고 했다. 게다가 이 상태가 더 안 좋아지면 수술까지 고민해봐야 하는데 수술을 잘못하면

음색이 완전히 바뀌기 때문에 나는 결절이 커지지 않도록 대학 생활 내내 노심초사하며 보내야만 했다..

하지만 이런 상황에도 하나님의 은혜로 발표회든 실기 시험이든 항상 결과는 좋았다. 그럴 수 있었던 건 매일 저녁에 드리는 가정예배 덕분이었다. 내가 6살 때부터 우리 집은 매일 저녁 가정예배를 드렸는데, 어려운 문제가 있을 때마다 다 같이 합심 기도를 했었고 하나님은 우리의 기도를 외면하지 않으셨다.

또한, 부모님은 무슨 일이 생기면 항상 새벽기도부터 나가셨는데 내가 성대결절로 힘들어하자 엄마는 매일같이 내 손을 잡고 새벽기도에 나가셨다. 이건 친할머니, 외할머니 때부터 아빠 엄마에게로 내려온 우리 집안의 소중한 유산이다. 그리고 지금은 나와 내 동생이 이 유산을 이어받아 무슨 일이 생기면 새벽기도부터 나가고 있다.

당시 엄마와 나는 온누리교회에 나가 새벽기도를 드렸는데 어느 날 새벽기도를 인도하시던 목사님이 나에게 안수 기도를 해주시더니 이렇게 말씀하셨다.

"결절은 델라가 교만해지지 않고 이렇게 늘 하나님을 의지하게 하는 도구로 쓰일 겁니다."

그리고 그날부터 너무 신기하게도 거짓말처럼 결절이 특별한 치료도 없이 점차 나아지기 시작했다. 병원에서는 오랫동안 가지고 있던 결절이기 때문에 없어질 수가 없다고 했는데 결절의 크기가 점점 작아지더니 이내 사라져 버렸다.

현재 내 성대는 결절 없이 깨끗하다. 쉼 없이 공연하면서도 늘 좋은 컨디션으로 무대에 서는 나를 보며 주변 사람들은 강철 성대, 강철 체력이라고 까지 부른다. 하지만 나는 알고 있다. 내 소리는 내 성대가 결정하는 것이 아니라 하나님이 주인이심을.. 그리고 아픔도 하나님의 도구로 쓰일 수 있으며, 그 아픔을 통해 살아계신 하나님을 경험할 수 있음을..

4부

1. 하나님께 올려드리는 편지
2. 첫 독립 그리고 나만의 룰
3. 로마에서의 기적
4. 병원에서의 시간
5. 007작전 같았던 입시, 그리고 합격
6. 꿈에 그리던 싼타체칠리아 국립음악원
7. 작은 일에 충성된 자여, 네게 큰 일을 맡기겠노라
8. 천사를 만난 순간
9. 나에게 로마란?
10. 졸업

1. 하나님께 올려드리는 편지

　지금은 대학 졸업 후 유학을 가지 않는 국내파 성악도들이 많지만 내가 대학을 다니던 시절엔 학부를 마치면 바로 외국으로 유학을 나가는 것이 하나의 코스처럼 여겨졌다. 그래서 대학 3, 4학년쯤 되면 어디로 유학을 갈지 생각하며 토플이나 외국어 등 준비했다. 나 역시 졸업 후 당연히 유학을 간다고 생각했었고 대학교 4년 내내 어디로 유학을 가야 할지 고민했었다.

　2학년과 3학년 방학 때 유학을 가장 많이 가는 미국과 이탈리아, 독일을 다녀왔는데 어느 곳도 내 마음을 사로잡는 곳이 없었다. 그렇게 좀처럼 유학지를 정하지 못하며 막연히 미국으로 가야 하나 하는 생각을 하고 있을 때 서울대학교 은사님이신 서혜연 교수님이 조언을 해 주셨다.

　"델라 너는 나중에 필드에서 활동할 텐데 오페라의 본고장 이탈리아에서 정통 벨칸토를 배우는 게 좋을 것 같아!"

　박인수 선생님의 첫 여자 제자였던 나는 2학년 2학기부터 소프라노 서혜연 교수님께 노래를 배웠다. 박인수 선생님은 나를 불러 "2학기부터는 오페라 아리아를 불러야 하니 서혜연 교수님한테 가서 배워. 가곡이야 남,녀 상관없이 다 같이 부르지만 아리아는 남자 아리아,

여자 아리아가 나뉘기 때문에 테크닉은 소프라노한테 배우는게 좋아. 내가 서 교수님께는 다 얘기해 놨어!"라고 말씀하셨다. 이탈리아에서 활동하시다 서울대로 부임하신 서혜연 교수님은 노래 실력은 물론이며 티칭까지 뛰어나셔서 학생들은 서혜연 교수님 클래스에 서로 들어가고 싶어 했다. 그래서 내가 들어갈 티오가 없었음에도 불구하고 박인수 선생님이 직접 부탁하셔서 나는 서혜연 선생님의 제자가 될 수 있었다.

나를 많이 아껴주셨던 은사님 말씀이었기에 그때부터 이탈리아에 조금씩 관심을 갖기 시작했다. '그래! 어디로 가면 좋을지 모를 때는 세계에서 제일 좋은 학교로 가자!'라고 마음을 먹게 되었고, 성악으로는 전 세계에서 제일 좋은 학교이자 소프라노 조수미, 김영미 선생님이 졸업한 이탈리아 로마 싼타체칠리아 국립음악원 으로 가기로 결심했다. 이후 어학원을 끊고 4개월 속성으로 이탈리아어를 배운 후 다음 해 2월, 로마행 비행기에 올라탔다.

사람도, 언어도, 문화도 모든 것이 낯선 곳에서 부모님과 떨어져 혼자 살아야 한다는 불안감과 두려움이 앞섰지만, 한편으로는 꿈을 위해 새로운 곳에 간다는 설렘과 새롭게 만나게 될 교수님들과 친구들에 대한 기대가 내 마음 한 곳에 자리 잡고 있었다.

비행기 안에서 유학을 떠나는 두려움과 설렘이 뒤섞인 복잡 미묘한 마음을 고스란히 담아 하나님께 편지를 썼다.

"사랑하는 하나님 아버지!
저는 지금 로마로 가는 비행기 안에 있어요.
부모님 품을 떠나 처음으로 혼자 낯선 곳에 갑니다.
저는 이탈리아 말도 잘 못하고 그곳에는 아는 사람도 없어 너무 두렵고 무섭습니다.
하지만 나의 아버지이신 주님의 손을 꼭 붙잡고 가요.

(중략)

하나님.. 주님께 쓰임 받는 성악가가 될 수 있게 해주세요.
그래서 저의 목소리가 전성기일 때 세상이 아닌
하나님을 위해 노래하는 성악가가 되기를 소망합니다.
하나님, 사랑합니다. 저를 지켜주세요.
예수님의 이름으로 기도드립니다.
아멘!"

로마로 가는 비행기 안에서
- 주님의 딸 델라 드림 -

어렸을 때 어떤 연예인의 간증을 들었는데 전성기 때는 멋대로 살다가 병들고 나이 들어 하나님께 돌아왔다는 이야기를 하며 찬양을 부르는 모습을 보면서 '저분이 전성기 때의 음색으로 저 찬양을 불렀다면 얼마나 좋았을까?'라는 생각을 했다. 아무래도 목소리는 성대가 악기다 보니 나이에 따라 성대도 늙어가기에 현재의 모습도 너무 귀하고 아름답지만, 전성기 때 찬양을 불렀다면 얼마나 저 찬양이 빛이 났을까 하는 아쉬움이 들었던 것이다.

그리고 그날 이후 '하나님, 저는 전성기 때 저의 목소리가 하나님께 쓰임 받길 원합니다. 저의 전성기를 하나님께 바칠 수 있게 해주세요'라고 기도했었다. 그리고 로마로 가는 비행기 안에서도 하나님께 편지로 내 마음을 전했다.

어느덧 로마 공항에 착륙한다는 기장의 방송이 들려왔고 창밖으로 로마의 밤하늘과 반짝이는 야경이 펼쳐져 있었다. 곧이어 비행기는 착륙을 시도했고, 그때 '하나님~ 저 로마 왔어요.'라고 기도를 드렸다. 그런데 그 순간 '나는 빨리 한국에 가야겠다. 우리 가족, 내 친구들이 있는 내 나라, 내 조국 그곳에서 활동해야지..'라는 생각이 불현듯 드는 것이었다.

보통은 '유학을 왔으니 이제 내 꿈을 펼쳐 국제 콩쿠르에서 우승도 하고, 전 세계를 돌아다니며 프리마돈나로서 최고의 무대에서 연주를 해야지!'라는 큰 꿈을 갖는데.. 나는 비행기 문이 열리기도 전에, 로마 땅을 밟기도 전에 한국에 빨리 돌아가야겠다니!.. 아직도 왜 그런 생각이 들었는지 잘 모르겠다.

기숙사에 도착해서 짐을 정리하고 잠을 자려고 침대에 누었는데 또 다시금 '한국으로 최대한 빨리 돌아가야지.. 내 나라에서 활동해야지!'라는 알 수 없는 마음이 들었고 그렇게 잠이 들었다.

2. 첫 독립.. 그리고 나만의 룰

로마에서의 첫날은 새벽기도로 시작했다. 그리고 그 새벽기도는 내가 귀국하는 날까지 이어졌다. 외가가 4대째, 친가가 3대째인 크리스천 가정에서 자랐고, 외할머니, 친할머니는 매일 새벽 재단을 쌓으셨다. 부모님은 부흥회 때면 나와 내 동생을 깨워 교복을 입히고 새벽 성회에 데리고 가, 다 같이 예배를 드린 후 우리 남매를 등교시켰다. 그만큼 우리 가족에게 있어 새벽기도는 친근했다.

부모님을 떠나 처음으로 혼자 생활하기에 아무도 날 잡아주는 사람이 없는 유학 생활은 자칫 잘못하면 나쁜 길로 갈 수 있을 것 같았다. 그래서 하나님을 붙잡고 매일 매일을 시작하고자 새벽기도를 결심했다. 그리고 이제부터는 나 자신을 내가 잡지 않으면 그 누구도 나를 잡아주지 않는다는 걸 알았기에 유학 생활 동안 내 자신을 지킬 〈나만의 룰〉을 만들었다.

나만의 룰 첫 번째는 '새벽기도로 하루를 시작하자'였다.

두 번째는 '절대 외박하지 않고 무조건 9시 전에는 집에 들어오자'였다.

로마에서의 첫 4개월은 수녀원 기숙사에서 생활했다. 이곳은 종교에 대한 간섭은 전혀 없었지만 생활에 대한 엄격함은 존재했다. 특히 통금시간이 있었는데 밤 9시가 되면 무조건 문을 잠그기 때문에 그 전에 들어와야 했다. 이렇게 통제받는 게 싫어 기숙사를 떠나는 학생들도 있었지만, 나는 오히려 통금시간이 있다는 것이 내 생활을 흐트러지지 않게 잡아줄 수 있을 것 같다고 생각했고, 이에 수녀원 기숙사를 선택했다.

4개월 후 싼타체칠리아에 합격했고, 언어를 빨리 배우기 위해 이탈리아 사람과 같이 살고자 기숙사를 나오긴 했지만, 수녀원 기숙사는 유학 초창기 바르게 생활할 수 있게 나를 지켜주는 울타리 같은 곳이었다. 또 유학 생활 동안 나와 동고동락한 소중한 일본 친구 Mami를 만난 곳이기도 하다. 수녀원 기숙사를 나온 후에도 '절대 외박하지 않기'와 '9시 전에 집에 들어가기' 등 기숙사에서 생활하던 그대로 똑같이 생활했다.

세 번째는 '자동차를 사지 말자'였다.

로마는 땅만 파도 유물이 나온다고 할 정도로 세계 최고의 유적지 중 한 곳이다. 그래서 대중교통이 발달하기가 힘들 뿐 아니라 특히 땅을 파서 선로를 만드는 지하철의 발달은 더 어려울 수밖에 없다.

그 넓은 로마에 당시, 지하철 A선과 B선, 단 2개의 짧은 호선만 운행했으니 대중교통이 잘되어 있는 우리나라에서 살다가 로마로 가면 불편한 게 이만저만이 아니었다. 그래서 많은 유학생이 자가용을 사서 움직였다. 나 또한 한국에서 차를 가지고 다녔기 때문에 당연히 로마에서 운전하려고 출국 전 수동 운전면허까지 땄는데(이탈리아의 차는 대부분 수동 기어다) 막상 로마에 가보니 운전할 시간에 지하철에서 공부해야겠다는 생각이 들었고, 무엇보다 차가 있으면 친구들과 여기저기 놀러 다닐 것만 같았다. 그래서 절대 차를 사지 않고 대신 지하철역 부근에 집을 얻어서 지하철과 버스를 타며 생활을 했다.

몇 년 전, 나폴리에서 공연 초청이 와, 귀국 후 처음으로 이탈리아에 갔었다. 들뜬 마음으로 공연을 마치고 난 후, 유학 생활 동안 여행 한번 못했던 나는 로마와 이탈리아를 처음 여행했는데 가는 곳마다 얼마나 아름답고 좋은 곳이 많던지.. '아! 이래서 사람들이 이탈리아 이탈리아 하는구나!' 싶었다. 여행 중 문득 '내가 만약 유학 시절 차를 샀다면 차를 타고 친구들이랑 놀러 다니느라 절대 5년 과정을 2년 만에 조기 졸업하지 못했겠다.'는 생각이 스칠 정도로 이탈리아는 아름다웠다.

마지막은 '여자 이탈리아 사람하고 같이 지내자!'였다. 우리나라보다 개방적인 이탈리아에서는 남, 여 하우스메이트가 많이 있었다. 하지만 보수적인 크리스천 집안에서 자란 나에게는 상상조차 할 수 없었다.

처음 수녀원 기숙사에서 4개월 살았던 시간 외에는 유학 생활 2년 반 동안 모두 이탈리아 친구들과 같이 살았다. 언어를 가장 빨리 배우는 방법은 이탈리아 사람과 사는 거라는 얘기를 듣고 절대로 한국 사람과 살지 않기로 결심했다. 이 고집 덕분에 나는 이탈리아에서 살았던 2년 6개월 동안 5번의 이사를 해야만 했다.

성악 전공자들이 집을 구할 때 가장 먼저 물어보는 것은 "집에서 노래 연습을 할 수 있나요?"이다. 노래하면 시끄럽다고 쫓겨나는 일이 다반사였기 때문에 노래 연습을 할 수 있는 집을 구하는 건 가장 큰 숙제 중 하나였다. 성악을 전공한 한국 학생들이 같이 사는 집은 노래 연습이 가능한 집이였기 때문에 한 명이 나가면 그 방에 다른 유학생이

들어가면서 성악 전공 유학생들끼리 같이 사는 경우가 대부분이었다.

그러나 나는 이탈리아 사람과 살겠다고 다짐했기 때문에 이탈리아 신문 벼룩시장(?)을 사서 전철역 근처의 집에 일일이 전화를 했고, 직접 찾아가서 집을 보고, 집주인을 만나면서 방을 구했다. 직접 발품을 팔아 계약했기에 늘 집도 좋고 하우스메이트도 좋았지만 노래만 하면 윗집에서 시끄럽다고 민원이 들어와서 2년 반이라는 짧은 시간 동안 5번이나 이사를 다녀야 했다.

부동산을 통해 쉽게 집을 구할 수 있었지만, 이탈리아는 당시 중계 수수료가 너무 비쌌고 나는 그 돈을 아끼고자 한국에서도 보지 않던 벼룩시장을 보며 로마 곳곳을 돌아다녔다. 이사는 고생스러웠지만 같이 살았던 이탈리아 할머니, 이탈리아 친구들 덕분에 나를 스페인이나 유럽에서 태어난 동양사람으로 알았다 할 정도로 내 언어는 일취월장할 수 있었고, 학교 수업도 어려움 없이 따라가며 2년 만에 조기졸업을 할 수 있었다.

하나님의 딸로서 하나님 보시기에 부끄럽지 않은 삶을 살고자 만들었던 나만의 룰 덕분에 유학 생활을 흔들임없이 바르게 할 수 있었다. 그리고 이 모든 것이 '나를 향한 하나님의 보호하심'이었음을 알기에 주님께 더욱 감사드린다.

3. 로마에서의 기적

내가 다녔던 로마 한인교회는 새벽예배를 드린 후 다 함께 아침을 먹으며 교제를 나눴다. 이탈리아의 아침 식사는 우리가 잘 알고 있는 크로와상과 카푸치노 혹은 에스프레소다. 교회 앞 커피숍에 앉아 3~40분 정도 아침 교제를 나눈 후 하루를 시작했다.

나 역시 처음에는 즐거운 아침 교제에 참석했었다. 하지만 언어 배우랴, 입시 준비로 레슨 다니고 연습하랴.. 하루를 쪼개도 시간이 부족하다 보니 언젠가부터 아침 교제에 나가는 대신 혼자 다른 커피숍에 가서 크로와상과 카푸치노를 시킨 후 언어학원 가기 전까지 공부했다. 교제 시간이 재밌었기에 종종 참석하긴 했지만, 목사님과 성도님들은 내가 혼자 다른 곳에 가서 공부하는 것을 전혀 나무라지 않으셨다.

이탈리아는 커피숍을 'BAR'라고 불렀고, 크로와상을 아침마다 직접 만들어 파는 BAR가 많았다. 교회 옆에는 주인 할아버지가 계산대에 앉아 계시는 일명 '할아버지 BAR'가 있었는데 나는 그곳 크로와상이 너무 맛있어서 새벽기도가 끝나면 매일 할아버지 BAR에 갔다.

매일 아침 비슷한 시각에 작은 동양 여자아이가 혼자 와서 크로와상을 먹고 1시간 넘게 공부를 하다 가니까 언젠가부터 할아버지 눈에 내가 띠기 시작했던 것 같다. 터키 출신의 할아버지는 매일 아침 나를 반겨주셨고, 얼마든지 앉아서 공부하라며 응원도 해주셨다. 내가 방학 때 한국에 간다고 하면 잘 갔다 오라며 커피와 크로와상을 공짜로 주시기도 하는 등.. 나의 아침 친구이자 든든한 응원군이었다.

그렇게 아침 6시30분에 새벽기도를 시작으로 9시부터 12시까지 언어학원 그리고 오후에는 이탈리아어 과외와 성악 레슨 및 시창 청음 등 입시 준비를 하며 매일 매일을 보냈다. 그런 생활이 힘들다고 생각한 적은 없었는데 내 몸은 그렇지 않았었는지 어느 날 두 번째 손가락이 간지러워서 긁었는데 작은 물집 같은 것이 생겼고, 물집들이 다른 손가락으로 계속 번지더니 나중에는 발까지 번졌다. 연고를 발랐지만 큰 효과가 없었다.

그때만 해도 지금처럼 스마트폰이 발달했던 시기가 아니었기 때문에 사진을 찍어서 한국에 보낼 수도, 영상통화를 할 수도 없었다. 한국 같으면 당연히 피부과를 찾아갔겠지만, 유럽의 병원비는 가히 상상을 초월할 만큼 비쌌기에 돈이 없는 유학생 신분으로는 병원을 갈 엄두조차 내지도 못했다. 할 수 없이 손, 발을 긁으면서 그저 가라앉기만을 기다릴 수밖에 없었다.

하지만 작았던 물집이 자기들끼리 뭉치면서 점점 크기와 부피가 커졌고 급기야 거무스름하게 변하기 시작했다. 더 이상은 안 되겠다 싶어 새벽기도 후 아침 교제 시간에 피부과가 어디 있는지 물어봤다. 그랬더니 응급실을 가라고, 응급실로 가면 진료비를 안 받아서 유학생들이 많이 간다라는 정보를 얻었고, 그길로 급히 응급실에 갔다. 응급실 선생님은 내 손과 발을 보더니 깜짝 놀라시면서 당장, 이 병원으로 가라며 병원 이름과 주소를 적어주셨다. 응급실에서 치료를 받고 약을 받을 줄 알았는데 병원을 가라니.. 마음이 착잡한 채로 응급실을 나왔고 의사 선생님이 적어주신 병원에 예약했다.

그리고 드디어 예약 날, 병원비가 많이 나오면 안 될 텐데.. 걱정을 한가득 안고 병원으로 향했다. 병원비와 함께 또 나를 근심하게 했던 건 바로 언어였다. 아직 유학 3개월밖에 되지 않았던 시기라 언어가 절대적으로 부족했었고, '과연 의사 선생님의 설명을 내가 잘 알아들을 수 있을까..' 너무 걱정됐다.

나는 수녀원 기숙사에 살면서 내 옆방에 사는 일본 친구 마미(MAMI)와 단짝으로 지냈는데 마미는 당시 유학 2년 차로 이탈리아어를 매우 잘했다. 마미와 나는 거의 매일 밤 방에서 수다를 떨었다. 옆방에 살았던 우리는 10시쯤 되면 누군가 먼저 벽에 똑똑똑 노크했고 상대방이 노크로 똑똑똑 대답을 했다. 그리고는 내 방이나 마미방에서 만나 오늘 하루 무슨 일이 있었는지 얘기를 나누면서 그야말로 절친이 됐다.

나는 이탈리아어가 많이 부족했기 때문에 사전을 들고 얘기를 했었고, 마미는 인내심 있게 내 얘기를 기다려주고 들어줬다. 우리는 서로 동양인이라서 사용하는 단어 수준이 비슷했다. 아무리 마미가 이탈리아어를 잘한다 해도 이탈리아 사람처럼 어려운 단어를 사용하지 않고 심플하고 쉬운 단어들로 얘기를 했기 때문에 마미가 하는 얘기들은 내가 거의 알아들을 수 있었다.

병원비와 언어로 두려워하고 있는 나에게 마미가 내일 병원 같이 가겠다며 나에게 너무 걱정하지 말라고 했다. 다음날 마미와 같이 병원을 가면서 나는 '주님! 병원비가 얼마가 나올지 너무 두려워요. 저 돈 없는 거 아시죠?' 계속 기도하며 병원에 도착했는데, 병원 외관을 본 순간 주저앉고 싶을 만큼 절망적이었다. 진료과목이 피부과 한 과목인데 병원 사이즈가 거의 종합병원 수준이었던 것이었다. 나중에 알았지만, 이 병원이 피부과로는 세계에서 손꼽히는 병원이라고 했다. 작은 동네 의원도 병원비가 엄청난데 이렇게 큰 병원은 도대체 병원비가 얼마나 나올까 걱정이 태산이었다.

그저 계속 '하나님 아시죠? 저 병원비 걱정하고 있는 거 아시죠?' 기도하면서 대기실에 앉아 있었다. 드디어 간호사가 내 이름을 불렀고 마미와 함께 들어갔다. 의사 선생님께 내 손과 발을 보여드리면서 내 증상에 대해 말씀드리면(간단한 내 의사 표현은 할 수 있었다) 의사 선생님이 나에게 어려운 이탈리아어로 설명을 해주셨고 그러면 마미가 다시 쉬운 이탈리아 말로 통역해 주었다.

한참 진료를 받는데 선생님이 질문하셨다.

"너희 둘은 같은 나라 사람인 것 같은데 왜 이탈리아어로 통역을 하니?"

이에 마미가 우리의 상황을 설명했다.

"저는 일본사람이고 델라는 한국 사람인데 델라가 로마에 온 지 3개월 정도밖에 안 돼서 아직 어려운 단어를 잘 몰라 제가 쉬운 단어로 통역을 하는 거예요. 저희는 같은 동양사람이라 쉽게 쓰는 언어들이 비슷하거든요."

의사 선생님은 동양에서 온 조그마한 여자아이가 자기 나라에 공부한다고 와서 병에 걸린 것이 짠해 보였던 것 같다. 그리고 우리 두 사람의 우정이 너무 예뻐 보였던 것 같았다. 선생님은 '내가 발랐던 연고는 좋은 연고인데 병이 너무 심해서 연고로는 치료가 안 된다며 4박 5일 동안 입원을 해야 한다'고 하셨다.

'세상에.. 피부병으로 입원을 하다니!.'

살면서 입원이란 걸 해본 적이 없었는데, 정말 청천벽력 같은 소리였다. 진료가 끝난 후 일어나서 나가려 하는데 선생님이 나를 불렀다. "델라야~ 공부 열심히 해!"라며 말씀해주셨고 나는 밝게 웃으며 "네! 감사합니다!" 인사를 드렸다. 그리고 입원 날짜를 잡고 진료비를 내려고 하는데 기적 같은 일이 일어났다. 그날 진료비, 그리고 여성 병동 2인실에 4박 5일 동안 입원하는 입원비, 심지어 나중에 퇴원할 때 받아가야 할 약제비까지 모두 의사 선생님께서 무료로 셋팅 해주신 것이었다. 의사 선생님께 병원비 걱정에 대한 얘기는 한마디도 하지 않았는데 선생님이 내 근심 걱정을 어떻게 아셨는지.. 부탁드리지도 않은 치료비 전체를 무료로 해주신 것이었다.

　사실 나는 무료로 이 모든 치료를 받을 거라고는 상상조차 하지 못했고, 그저 병원비가 제발 많이 나오지 않기만을 기도했었다. 그러나 좋으신 하나님은 나를 세계 최고의 병원에서 치료받게 하셨고, 그것도 무료로 치료받게 해 주셨다. 내가 기도했던 것보다, 내가 바랬던 것보다 훨씬 더 좋은 방법으로, 상상하지도 못한 방법으로 나의 기도에 응답해주신 것이었다. '하나님의 은혜' 이 단어 외에 이 기적을 과연 설명할 수가 있을까!!

4. 병원에서의 시간

하나님의 은혜로 병원비에 대한 걱정이 사라지고 나니 이젠 입원에 대한 걱정이 내 마음을 힘들게 했다. 워낙 건강한 체질이라 한국에서도 입원을 안 해본 내가 낯선 타국에서 입원을 하다니.. 그리고 2인실이면 이탈리아 사람하고 종일 같은 방에 있어야 하는데 언어도 부족한 내가, 더욱이 말이 많기로 유명한 이탈리아 사람과 어떻게 24시간을 지내지? 정말 앞이 깜깜했다. 아파서 입원하는 것도 무서웠지만, 입원실에서의 생활도 너무 두려웠다.

입원 전날 밤 일기장에 내가 가지고 있는 두려움을 하나님께 털어놓으며 기도를 드렸다.

드디어 입원하는 날, 이날도 내 친구 마미가 나와 함께 병원을 같이 갔다. 입원 수속을 밟은 후 마미는 매일 면회 올 테니까 걱정하지 말라는 위로를 해주며 떠났다. 다시금 하나님께 두려운 마음을 기도로 아뢰며 병실에 들어서는데 다행히 병실에는 아무도 없었다. '휴, 다행이다'라며 숨도 돌리기 전, 갑자기 크고 명랑한 목소리의 할머니가 내 방에 들어오셨다.

"네가 내 룸메이트구나! 반가워!"

자그마하고 제법 살집이 있는 할머니가 밝게 웃으시며 인사를 건네셨다. 그리고 할머니는 곧바로 내 손을 끌고 복도 벤치로 가서 입원 중인 할머니, 아줌마들에게 한국에서 온 학생이라며 나를 소개하셨다. 내가 입원했던 층은 여성들만 입원하는 여성층이었는데 동양 여자애가 들어왔다는 소문은 삽시간에 퍼졌고 그 층에 유일한 동양인인 나를 보러 3층 환자들은 다 몰려들었다. 대부분 할머니였고, 젊은 여성은 거의 없었다. 나를 보러 모여드는 사람들을 보면서 덜컥 겁이 났다. '내가 말을 못 알아들으면 어떡하지? 말을 못 알아들어서 답답해하며 나를 무시하면 어떡하지? 제발 아무 말도 안 시켰음 좋겠는데..' 긴장감에 심장이 터질 것만 같았다. 그런데 신기하게도 할머니들이 다 너무 친절하고 따뜻하셨다. 내가 잘 알아들을 수 있게 말도 천천히 해주셨고 무엇보다 놀라운 건 내가 할머니들과 어렵지 않게 대화를 하고 있다는 것이었다.

이탈리아도 우리나라처럼 사투리가 있다. 내가 입원했던 병원은 워낙 유명한 병원이라 이탈리아 전국에서 다 모여들기 때문에 로마 사람뿐 아니라 각 도시의 사람들이 모여 있었다. 그런데 너무 신기하게 내가 사투리 쓰는 할머니들과 웃으면서 얘기를 하고 있는 것이 아닌가!. 그리고 병원 밥은 또 왜 그리도 맛있는지!. 그동안 입시 준비로 지쳐있었던 내가 맛있는 밥을 먹으며 푹 쉴 수 있는 시간이었다.

우리는 모두가 피부과 환자이기 때문에 엄청 고통스럽고 아픈 환자는 없었다. 아침에 주사를 맞고 환부에 간호사들이 연고를 발라주고 챙겨주는 약을 먹으면 끝이었다. 하루는 로마 한인교회 한평우 목사님과 사모님이 문병을 오셨는데, 여기 환자들은 우울하기는커녕 명랑해서 좋다고 하셨다. 진짜 병동이 명랑 그 자체였다. 룸메이트 할머니, 옆방, 앞방 할머니들에게 큰 사랑을 받으면서 무섭기는커녕 외로울 겨를도 없이 4일이 훌쩍 지나갔다.

내 룸메이트 할머니는 사르데냐(이탈리아 남부) 분이었는데 나에게 학교 시험이 끝나면 꼭 집에 놀러 오라고 하셨다. 실제로 입시 후에 내가 할머니에게 연락을 안 드렸더니 할머니가 가을쯤 나에게 전화를 하셨다. 왜 놀러 오지 않냐며 다른 사람들은 사르데냐에 돈 주고도 놀러 오는데.. 온 가족들이 델라 너를 기다리고 있다는 반가운 전화를 주셨다. 앞방 할머니는 피렌체, 또 한 분은 시칠리아에 사셨는데, 다들 놀러 오라며 퇴원하는 나에게 연락처를 주셨다. 헤어지는 게 서운할 정도로 사랑을 잔뜩 받으며 퇴원했다.

간호사분이 약을 받아가야 한다며 퇴원하는 나를 복도로 데리고 갔다. '약을 받는데 왜 약국으로 안 가는 거지?' 생각하며 따라갔는데 알고 보니 의사 선생님이 약제비도 무료로 해주셔서 나만 따로 병원 어딘가로 데려가신 거였다.

우리는 때론, 살면서 어렵고 힘든 순간을 마주치게 된다. 그런데 하나님은 우리가 그 순간을 힘들다고 느끼지 못한 채 지나갈 수 있도록 도와주시는 것 같다. 어려운 순간을 안 만나게 하는 것이 아니라 그 순간이 힘들다는 걸 모른 채 지나갈 수 있도록 앞서 천사들을 보내시고 환경을 만들어 주셔서 하나님의 보호 속에서 다치지 않고 지나갈 수 있게 인도해주시는 것 같다. 기도로 하나님께 구하자 무섭고 두려웠던 병원에서의 시간이 오히려 여호와 이레의 하나님을 만나는 순간이 되었던 것처럼..

5. 007작전 같았던 입시 그리고 합격

이탈리아 국립음악원은 우리나라와 달리 1년에 딱 학교 한 곳만 지원해서 시험을 볼 수 있다. 복수 지원이 불가능하기에 만약 지원했던 학교에 떨어지면 바로 재수생이 된다. 한 번 시험을 잘못 보면 또다시 1년을 기다려야 하기에 입시 철이 되면 어느 학교에 지원할 지부터 굉장히 신중하게 된다.

로마 싼타체칠리아 국립음악원은 성악으로서는 전 세계에서 가장 유명한 학교 중 하나이기 때문에 이탈리아에서도 입시 경쟁률이 대단하다. 실제로 싼타체칠리아 국립음악원에 들어가겠다고 매년 도전하다 3, 4, 5수까지 하는 유학생들을 종종 봤다.

학생들은 입시를 보기 위해 언어도 배우고, 교수님들에게 레슨도 받으면서 학교 요강에 맞춰 시험을 준비한다. 시험은 6월과 9월 두 차례 치러지는데, 6월에 떨어지면 9월에 시험을 다시 볼 수 없기 때문에 1년에 한 번인 만큼 준비가 잘 되었을 때 시험을 본다.

로마에 오자마자 한국으로 빨리 돌아가고 싶었던 나는 1학년으로 들어가지 않고 바로 4학년으로 월반해서 들어가는 시험을 준비하고 있었다. 4학년으로 입학하기 위해서는 노래뿐 아니라 시창, 청음 시험에 합격해야 하는데 싼타체칠리아 학생들이 1학년부터 3학년까지 배우는 커리큘럼에 맞춘 시험이기 때문에 이 시험을 보기 위해서는 학교에서 사용하는 시창, 청음 책을 가지고 레슨을 받으면서 시험 준비를 해야 했다. 무엇보다 시창 청음 시험에 합격해야 노래 시험을 볼 수 있는 자격이 주어지기 때문에 우선적으로 통과해야 하는 중요한 시험이었다.

2월 중순에 이탈리아에 도착한 나는 3월 초부터 시창 청음을 교수님을 찾아가 싼타체칠리아 시험을 보길 원한다고 말씀드렸다. 교수님은 "당연히 내년에 시험을 볼 계획이지?" 물으셨고 나는 올해 시험 보길 원한다고 말씀드렸다. 놀라신 교수님은 지금부터 시작해 총 7권의 책을 9월 입시 전까지 마스터하는 건 불가능 하다고 하셨다.

그럼에도 내가 강경하게 말씀드리자 그럼 테스트부터 하자고 하셨다. 한국에서부터 시창, 청음에 큰 어려움이 없었던 나는 교수님의 테스트를 통과할 수 있었고, 교수님은 올해 시험에 도전하는 걸 허락해 주셨다. 그렇게 3월부터 시작한 시창 청음 레슨은 일주일에 2번씩 진행됐고 어느덧 4월로 접어들었다. 하루는 성악 교수님께서 "델라 너는 시창 청음을 잘하니까 6월에 입시를 보면 어떻겠니? 시창 청음 교수님만 허락하시면 보컬은 6월에 봐도 좋을 것 같아!"라고 말씀하셨다. '9월이 아니고 6월? 만약 6월에 합격하면 9월까지 나는 한국에서 지낼 수 있겠네?'라는 생각이 들었고 한국에 빨리 갈 수 있다는 생각만으로 이미 마음이 들떠 있었다.

그리고 다음 날, 시창 청음 교수님께 "저 6월에 시험 치르고 싶어요"라고 말씀을 드렸더니 이제 시작한 지 한 달 됐는데 3개월 만에 시험은 절대 불가능하다고 하셨다. 우선 그날은 "네 알겠습니다"라고 말씀드린 후 2주 후에 다시 "교수님, 저 6월에 꼭 시험 보고 싶어요. 시험 볼 수 있게 허락해주세요" 간절히 말씀드렸다. 그러자 교수님은 잠시 생각에 잠기시더니 갑자기 악보를 주셨고, 시창을 해보라고 하셨다. 그동안 싼타 시험에 나왔던 모의고사 악보였다. 나는 무리 없이 시창을 했고, 선생님은 입에 물고 있던 시가(cigar)를 한 번 깊게 빨아들이고 연기를 내뿜었다.

"절대로 다른 입시생들에게 네가 이번 6월에 시험 본다고 얘기하지 마. 1년 넘게 준비한 다른 친구들도 9월에 다들 시험 보라고 했기 때문에 절대로 원서 마감 전까지 네가 6월에 시험 본다는 걸 다른 친구들에게 얘기하면 안 돼!"

얼마나 기쁘고 감사했던지.. "네! 교수님! 절대 얘기하지 않겠습니다!"라고 대답하며 감사하다고 인사를 연신 드렸다.

그렇게 아무도 모르게 007작전처럼 6월 입시원서를 썼다. 그리고 하나님께 꼭 합격하게 해달라고 매일 기도드리며 입시를 준비했고, 하나님의 은혜로 이탈리아로 유학 간 지 4개월 만에 싼타체칠리아 국립음악원 성악과 4학년으로 합격했다.

지금 돌이켜보면 참 용감했던 것 같다. 겁도 없이 6월에 시험을 보겠다며 기도하고, 교수님을 설득하고, 공부하다 스트레스로 입원까지 하고.. 뭐가 그리도 급했는지 모르겠지만 그 덕분에 나는 유학 4개월 만에 목표했던 학교에 합격하고, 한국에 와서 신나는 여름을 보낼 수 있었다.

6. 꿈에 그리던 싼타체칠리아 국립음악원

　이탈리아 국립음악원은 5년 과정으로 이루어져 있는데 1학년부터 3학년까지는 실기를 탄탄히 다질 수 있도록 커리큘럼이 오로지 실기 위주로만 짜여 있다. 즉 노래, 부전공 피아노, 시창 청음을 배우며 음악가로서 음악적인 기초를 쌓아준다. 이후 4학년부터 5학년까지는 실기와 더불어 서양 음악사, 시문학, 화성학, 오페라사 등 필기 과목이 커리큘럼에 들어가면서 실기와 이론을 함께 공부한다. 4학년부터는 이탈리아 말로 학과 수업을 따라가야 하기 때문에 4학년으로 바로 월반시험을 보는 경우는 드물었다.

　한국어로 해도 따라가기 어려운 수업들을 이탈리아말로 다 들어야 할 뿐 아니라 4학년에서 5학년으로 올라갈 때 각 과목마다 시험을 보는데 만약 그 시험에서 떨어지면 학교에서 쫓겨나기 때문에 4학년으로 바로 들어가는 것을 선택하는 유학생은 드물었다.

　로마 한인교회의 한평우 목사님은 나처럼 유학 오자마자 이탈리아 말도 서투른 상태에서 4학년으로 바로 들어간 경우는 지금까지 본 적이 없다고 말씀하셨다. 2년 후 내가 졸업할 때 한평우 목사님과 박영길 장로님(로마 한인교회 장로님)은 30년 넘게 로마에서 수많은 유학생을 봤지만 오자마자 싼타에 4학년으로 들어가서 2년 만에 바로 졸업한 학생은 한 번도 본 적이 없다고 하셨다.

그 누구도 나에게 2년 만에 조기 졸업하라고 등 떠밀지 않았다. 그렇다고 이탈리아에서 향수병에 시달린 것도 아니었다. 한국에서처럼 편리한 생활은 아니었지만 친구들과 재밌게 지내면서, 선생님, 목사님, 장로님, 권사님께 귀여움받으며 잘 지냈었는데 그렇게 꿈에 그리던 싼타체칠리아에 합격하고선, 2년 만에 후다닥 졸업하려고 왜 그렇게 애를 썼는지 지금도 의문이다.

이탈리아는 한국과 달리 가을학기가 시작 학기다. 9월 드디어 개강에 맞춰 학교에 갔는데 다행히 나랑 친했던 한 학번 높은 서울대 1년 선배인 시영 언니의 남자친구였던(현재는 부부다) 중일 오빠가 3학년에서 4학년으로 올라와 나와 같은 학년으로 학교에 다녔다. 오빠는 모든 것이 낯설기만 했던 나에게 학교 시스템에 대해 친절히 가르쳐줬다.

첫날 이탈리아 말로 북적이는 교실에 앉아 과연 새로운 친구들과 함께하는 캠퍼스 생활은 어떨까? 기대하며 상기되어있었던 내 기분은 아직도 생생하게 기억이 난다.

교수님과의 첫 만남, 그리고 첫 출석 그때까진 모든 것이 설렘 그 자체였다. 하지만 책을 펼치고 교수님의 수업이 시작되는데 이럴 수가! 교수님 말씀이 너무 빨라서 잘 알아들을 수도, 수업 내용을 노트할 수도 없었다. 비록 유학 7개월 차라고 하지만 이미 어학원에서도 고급반까지 올라갔고, 개인과외까지 받으며 주변에서도 이탈리아어를 꽤나 잘한다고 칭찬했었기에 언어에 꽤 자신 있었는데.. 실상은 수업을 따라가기에는 턱없이 부족했던 거였다.

나뿐만 아니라 유학생들 모두 첫 수업이 끝난 후 교수님 말씀이 너무 빠르고 어렵다며 여기저기서 불평하는 소리가 들렸다. 친구들의 하소연 속에서 나는 절망만 하고 있을 수는 없었다. 어떻게 해서든 수업을 따라가야겠다는 생각뿐 이었다. 이후 필통 속에 작은 녹음기를 숨겨서 모든 수업마다 교수님 강의를 녹음했고 집에 가서 다시 몇 번이고 들으면서 교수님 강의내용을 정리하며 공부를 했다.

새벽 기도 후 혼자 커피숍에서 공부하다가 수업시간에 맞춰 학교에 갔고, 공강 때는 학교 1층 도서관에서 공부하고, 수업 후에는 다시 집에 가서 수업 내용 정리하면서 수업을 따라가고자 노력했다. 그렇게 3달쯤 지났을까? 더 이상 녹음기는 필요하지 않았다. 교수님 강의를 들으면서 이탈리아어로 바로 노트가 가능해졌다. 심지어 나중에는 수업에 결석한 이탈리아 친구들이 나한테 와서 내 책을 빌려 가 수업시간 노트한 내용을 적고 다시 돌려줄 정도로 수업을 따라가는데 전혀 무리가 없었다.

더 이상 필통 속에서 녹음기는 찾아볼 수 없었고, 시험 때는 책과 수업 내용을 내 나름대로 정리한 요약 노트만 보고 공부할 정도로 언어 실력이 일취월장해졌다. 훗날 내 요약 노트는 내가 귀국할 때 친한 친구 두 명에게 족보처럼 전달해줬는데 그 친구 모두 내 노트를 보며 공부해서 시험에 합격할 수 있었다고 했다.

한없이 낯설고 어렵기만 했던 이탈리아어는 어느 순간 친숙한 또 하나의 내 언어로 자리 잡아가고 있었다. 이탈리아 사람들은 내가 밝은 성격과 함께 언어를 잘해서 유럽에서 태어난 동양 아이인 줄 알았다고 할 정도로 나는 어느덧 이탈리아어와 친해져 있었다.

7. 작은 일에 충성된 자여, 네게 큰일을 맡기겠노라

학교에서의 첫 일주일을 보내면서 마음에 근심이 깊어졌다. 그리스 로마 시문학, 오페라사, 서양 음악사 등 수업 내용도 어려울 뿐 아니라 속사포처럼 빠르게 말씀하시는 교수님의 속도도 따라가기가 버거웠다. 이대로라면 4학년 기말고사에서 합격하지 못해 5학년으로 올라가지도 못하고 학교에서 쫓겨나게 될까 봐 걱정이 이만저만이 아니었다. 싼타는 4학년 때 기말고사를 보는데 6월과 9월, 그리고 다음 해 2월 이렇게 3차례 기회를 주고 혹시 6월에 떨어지면 9월에 재시험을 보고, 또 떨어지면 마지막 기회로 다음 해 2월에 재시험을 볼 수 있다. 마지막 시험에도 떨어지면 그땐 학교에서 나가야 했다.

무엇보다 싼타는 한국처럼 필기시험을 보는 것이 아니라 교수님이 질문하면 대답하는 형식의 구술시험을 위주로 보기 때문에 기본적으로 말을 잘해야지만 시험에 통과할 수 있었다. 단순히 아무 의미도 모른 채 책을 달달 외워서 될 일이 아니었다. 그러다 보니 첫 일주일 동안 모든 과목의 수업을 들으면서 '혹시라도 기말시험에 떨어지면 어떡하지..'라는 불안감이 나에게 엄습했다.

여느 때와 같이 새벽기도를 하면서 하나님께 내가 가지고 있는 두려움에 대해 기도로 아뢰었다.

'하나님.. 도저히 내 힘으로, 내 능력으로는 이 시험을 감당할 수가 없어요. 나에게 지혜를 주시고 나를 붙들어주셔서 제가 꼭 6월에 전 과목 모두 합격해, 한국에서 여름방학을 보낼 수 있게 해주세요. 저는 부족하지만, 하나님께서 도와주시면 저는 할 수 있습니다. 제가 꼭 무사히 졸업할 수 있도록 도와주세요.'

그렇게 기도로 도움을 간구했다. 한참을 기도하고 있는데 성경 구절이 떠올랐다.

(마25:21) "그 주인이 이르되 잘 하였도다 착하고 충성된 종아 네가 작은 일에 충성하였으매 내가 많은 것으로 네게 맡기리니 네 주인의 즐거움에 참여할지어다" (눅16:10) "지극히 작은 것에 충성된 자

는 큰 것에도 충성되고 지극히 작은 것에도 불의한 자는 큰 것에도 불의하니라"

기도를 열심히 했다고 막막한 현실이 달라지진 않았다. 여전히 나는 수업을 따라가기 어려웠고 수업 때마다 가슴은 두근거렸다. 하지만 예전에는 그냥 막연하게 불안했다면 그날 이후로 두려운 마음이 생길 때마다 '작은 일에 충성된 자여, 네가 작은 일에 충성하였으니 이제 내가 큰일을 네게 맡기겠노라' 이 말씀을 붙잡고 있었다.

그러던 어느 날, 갑자기 그런 생각이 들었다.

'델라야! 쫄 필요 없어! 이탈리아 사람들이 이탈리아 말을 잘하는 게 무슨 자랑이야. 모국어 잘하는 건 당연한 거지!! 내가 아무리 이탈리아어를 잘하게 되더라도 저들보다 당연히 잘할 수는 없고, 나는 외국인일 뿐이야. 그러니까 언어로는 저들을 절대 이길 수 없어. 그렇다면 내가 저들을 이길 수 있는 게 뭐가 있을까?? 그래!! 성실함!! 그건 이길 수 있잖아. 학생에게 있어 가장 작은 일이 뭐지? 출석!! 그래~ 절대로 무슨 일이 있어도 지각, 결석하지 말자! 그리고 과제와 노트 정리 등 성실함 만은 누구에게도 절대 지지 말자!'

그날 이후 나는 수업시간에 이탈리아 친구들이 유창한 말솜씨로 질의 응답하는 모습을 보면서도 더 이상 움츠러들지 않았다. 오히려 '그들이 대답을 잘하는 건 당연하지~!'라며 신기하게도 여유를 갖기 시작했다. 그리고 '최선을 다해 공부하면서 성실함으로 승부를 걸어야지' 다짐하며 아무에게도 지지 않으려고 노력했다.

이탈리아는 'sciopero'라는 게 있다. '파업'이란 뜻인데 신기하게도 이탈리아에서는 대중교통이 파업하는 날이 자주 있었다. 그 당시 sciopero 때는 출근 시간인 오전 7시부터 8시 30분까지 그리고 퇴근시간인 오후 6시부터 7시 30분까지 잠깐 전철과 버스가 다녔고, 그 외 시간에는 대중교통이 멈춰있었다. 그래서 sciopreo 날이면 학생들은 학교에 안 가는 것이 아니라 대중교통이 없어서 못 가기 때문에 결석은 공결로 처리됐고, 학생들은 sciopero가 되면 합법적 결석을 누렸다.

그러나 나는 하나님께 '작은 일에 충성하겠다'는 마음으로 절대 학교를 빠지지 않겠다고 다짐했었기에 sciopero인 날이면 전철이 열리는 아침 시간에 전철을 타고 학교에 가서 수업시간이 될 때까지 도서관에서 공부하다가 수업을 듣고, 또 수업이 끝나면 다시 도서관에서 공부하다 전철이 열리는 시간이 되면 전철을 타고 집에 왔다. 그러다 보니 sciopero 날에는 수업에 나 혼자 출석하는 날이 많았다.

처음에는 교수님과의 1대1 수업이 너무나 부담스러웠다. 하지만 나중에는 교수님과 너무 친해졌다. 하루는 교수님이 나에게 선물을 준비했다며 세계적인 소프라노 마리아 칼라스에 대한 다큐멘터리 영상을 틀어주셨다. 중간중간 끊어가며 칼라스가 인터뷰한 내용 중 이해가 안 되는 부분이 있는지 물어보셨고, 잘 이해가 안 되는 부분은 쉬운 이탈리아 말로 자상하게 설명해주시면서 '델라 덕분에 sciopero에도 학교 올 재미가 있다'라고 하셨다.

그렇게 나는 어느새 성실한 학생으로 교수님들 사이에서 유명해지기 시작했다. 한 달, 두 달 수업을 들으면서 이탈리아어는 빠르게 향상되었고 나중에는 교수님들과 친구들 사이에서 그저 성실한 학생이 아니라 성실하고 똑똑한 한국 학생으로 유명해졌다.

'작은 일에 충성된 자여~' 이 성경 구절은 유학 생활 내내 나를 잡아주었다. 그리고 5년 과정을 2년 만에 조기 졸업할 수 있도록 이끌어준 1등 공신이었다.

8. 천사를 만난 순간

드디어 4학년 기말고사가 있는 6월이 다가왔다. 기말고사는 한국처럼 시험지를 나눠주고 문제를 푸는 방식이 아니라 학생이 시험장에 들어가 책 한 권의 챕터가 하나씩 적혀있는 종이를 제비 뽑은 후, 학생은 뽑은 챕터에 대해 요약해서 심사위원에게 발표하면, 심사위원이 그 챕터에 관하여 질문을 하고 학생은 대답하는 형식으로 치러졌다.

심사위원은 총 3명인데 과목 담당 교수님 한 분과 두 명의 외부 교수님으로 구성되어 있었다. 두 명의 외부 교수님은 질문을 담당했고, 지도 교수님은 학생의 편에서 방어를 해주는 역할을 했다. 학생은 책 한 권의 내용을 통째로 외워야 했고, 구술시험인 만큼 심사위원의 질문이 정해져 있지 않기 때문에 그 누구도 시험 문제에 대해 예상할 수가 없었다. 그리고 혹시라도 학생이 질문에 대답을 잘못할 경우, 지도 교수님의 도움이 필요하기에 지도 교수님과의 관계는 굉장히 중요했다.

시험은 6월과 9월 그리고 다음 해 2월, 이렇게 3차례의 기회가 주어지는데, 시험과목이 많다 보니 6월과 9월로 과목을 나눠서 신청할 수 있었다. 또한, 6월에 시험을 본 후 떨어진 과목은 9월에 재시험을 보고, 또 떨어지면 다음 해 2월에 마지막으로 재시험을 볼 수 있게 되고, 여기서 떨어지면 학교에서 나가야 하는 게 학칙이었다.

로마의 여름은 정말 뜨겁다. 로마의 여름이 얼마나 뜨거우면 '로마의 8월은 관광객이 지킨다!'는 말이 있을 정도로 로마 사람들은 이 무렵 2주에서 4주 정도 여름휴가를 떠난다. 나 또한 로마에서 뜨거운 여름을 맞고 싶지 않았기에 4학년 내내 나의 기도 제목은 모든 과목을

6월에 합격해 한국에서 여름방학을 맞이할 수 있게 해달라는 거였다.

시험 준비는 어려움 없이 잘되고 있었다. 각 챕터마다 나만의 이탈리아어로 정리해서 그 정리 노트를 밤이고 낮이고 보며 계속 외웠다. 같이 살고 있던 할머니는 밤낮없이 공부하는 날 보며 "아인슈타이나!"라고 부르셨다. 이탈리아어는 남성명사, 여성명사로 나뉘는데 여성명사 끝은 a로 끝나서 '아' 발음으로 끝난다. 그래서 아인슈타인을 별명처럼 바꿔서 나를 "아인슈타이나!"라고 부르셨다.

하나님이 지혜를 부어주신 덕분에 공부하는 게 그렇게 힘들지는 않았다. 무조건 '6월에 한국 간다!'는 일념으로 공부를 했다. 그리고 6월, 계획대로 전 과목 모두 시험 신청을 한 후 한 과목씩 차분히 시험을 보며 합격을 이어갔다. 아무런 문제가 생기지 않을 것만 같았다. 단 하나 화성학만 빼고..

화성학은 성악과만 공부하는 과목이 아니라 4학년 음대생 전체 과목이었다. 수업은 전공별로 분반해서 진행됐지만, 형평성을 위해 4학년 전체가 동일한 시험 범위에 동일한 날 시험을 봤다. 우리 반 화성학 교수님은 그해 처음으로 우리 학교에 부임한 강사셨다. 굉장히 친절하고, 꼼꼼한 성격의 교수님이셨다. 교수님과의 수업은 재밌었지만, 문제는 교수님이 진도를 너무 천천히 나가시는 거였다. 다른 반에 비해 진도가 많이 뒤 쳐지다 보니 중간에 우리들은 "교수님~ 이렇게 가다가는 저희 시험 날까지 진도 다 못 뺄 것 같아요. 조금 빨리 나가면 좋을 것 같아요."라고 건의 드렸다.

하지만 교수님은 걱정하지 말라고만 하셨다. 시험이 코앞으로 다가왔는데, 화성학은 책 한 권이 아닌 반 권 정도밖에 진도가 못 나갔고, 우리는 걱정을 하며 교수님께 '시험을 어떻게 보냐'고 여쭤봤다. 교수님은 "걱정하지마! 내가 있잖아. 진도가 안 나간 부분에 대해 심사위원들이 질문하면 우리는 거기까지 배우지 못했습니다. 라고 방어해줄게. 걱정하지마!"라며 오히려 우리를 다독여주셨다. 너무 불안하고 불안했지만 어찌할 도리가 없었다. 불안하면서도 우리 반 친구들은 모두 "교수님이 책임지시겠지?!"라며 믿을 수밖에 없었고, 이윽고 화성학 시험 날이 다가왔다.

화성학은 악보를 그리는 필기시험과 구두시험 두 차례로 치러졌다. 오전 일찍 필기시험을 본 후 드디어 불안에 떨며 기다리던 구두시험이 다가왔다. 학생들 모두 교수님을 믿고 배운데 까지 공부를 했다. 드디어 1번이 시험장에 들어갔다. 몇 분 후, 1번이 나오는데 울면서 나오는 것이 아닌가! 우리는 우루루 1번에게 몰려갔고, 1번은 울면서 교수님 욕을 했다. 심사위원이 첫 번째 질문을 했는데 우리가 배우지 않은 부분을 질문했고, 1번은 우리 교수님을 쳐다봤는데 방어는커녕 자신의 눈을 피하고 딴청을 피우고 있었다고.. 아무런 대답도 못한 채 다음 질문이 들어왔는데 그 질문 역시 배우지 않은 부분에서 물어봤고,

우리 교수님은 또 한 번 모르는 척하며 결국 자신은 아무 대답도 못 하고 나왔다는 거였다.

이어서 2번이 나왔는데 그 친구도 욕을 하면서 나오는 거였다. 심사위원이 안 배운 부분에 대해 질문을 했고, 2번은 "저희는 아직 거기까지 배우지 못했어요."라고 대답하자 우리 교수님은 모른 채 딴청을 피웠고, 다른 심사위원들은 자신을 무시한 채 계속해서 안 배운 부분에 대해 질문을 했고 대답하지 못하는 자신에게 나가라고 했다는 거였다.

우리 반 친구들은 모두 교수님께 분노하며 이번 시험은 망했으니 다 같이 9월에 시험을 보자고 했다. 나는 동요하고 있는 친구들 틈에서 빠져나와 비어있는 강의실을 찾아다니기 시작했다. 그리고 비어있는 교실에 들어가 바닥에 무릎을 꿇고 하나님께 기도하기 시작했다.

'하나님, 아시잖아요. 저 6월에 시험 다 합격하고 한국에 가야 해요. 얼마나 열심히 공부했는지 아시잖아요. 제발 저를 도와주세요. 꼭 화성학 시험도 합격할 수 있도록 도와주세요.' 기도한 후, 부모님께 전화해서 상황을 설명하고 중보기도를 요청했다. 그리고 다시 복도로 나가 시험 대기 학생들을 위해 깔아놓은 의자에 앉아 화성학책을 펼쳐 배우지 않은 부분을 읽으며 외우기 시작했다. 반 권 정도 되는 분량을 몇 시간 만에 읽는다는 건 한국말로도 불가능한데 이탈리아어로 읽고 심지어 외우기까지 한다는 건 불가능 그 자체였다. 그래도 나는 절대 포기할 수 없었다. 나는 마음속으로 기도하면서 책을 읽기 시작했다.

친구들은 그런 나를 보며 "델라야 너 그러다 쓰러지겠어! 그냥 포기하고 밥이나 먹으러 가자!"라고 얘기를 했다.

알파벳 순서로 시험이 치러지는데 내 성이 '신(Shin)' S로 시작하기 때문에 뒷 순서였다. 점심시간이 되자 시험을 잠깐 중단하고 심사위원도, 학생들도 모두 점심을 먹으러 갔다. 나는 홀로 복도 맨 끝에 남아 책을 읽고 있었다. 점심시간이 지나고 어느덧 해가 조금씩 지기 시작했다. 대부분의 학생들이 시험을 치르고 갔기 때문에 복도에는 사람이 거의 없었고 점차 학교는 고요해져 갔다. 나는 망부석처럼 몇 시간 째 앉아 책을 보며 미친 사람처럼 중얼중얼 외우고 있었다. 그런데 갑자기 내 앞에 어떤 이탈리아 남자분이 다가왔다.

"너 혹시 A 교수님 반이니?"
"네! 맞아요."
"그럼 혹시 너 ○○○에 대해 배웠니?"
"아뇨! 거기 안 배웠어요."
"그래? 그러면.. 너 장송곡에 대해 공부하고 있어."

그분은 그렇게 말씀하시곤 시험을 보고 있는 교실로 들어가셨다.

'저분이 우리 반 심사위원 중 한 분이시구나.. 장송곡?'

그때부터 장송곡에 대해 공부하며 외우기 시작했다. 그러면서 마음 한편으로는 '저분이 진짜 장송곡에 대해 물어보실까?' 하는 의심이 들었다. 우리 교수님도 말만 하시고 안 도와주셨는데 저분이 진짜 장송곡을 물어보실지 아닐지 알 수가 없는 거였다. 장송곡만 공부하다가 혹시라도 낭패를 볼까 싶어 다른 내용 읽었다가도 또 지푸라기라도 잡는 심정으로 다시 장송곡을 보다가 그렇게 계속 공부를 하며 내 순서를 기다렸다.

드디어 내 차례가 됐다. 문을 열고 들어갔더니 아까 나를 찾아오셨던 남자 교수님과 우리 교수님 그리고 나이 드신 여자 교수님 이렇게 세 분이 앉아계셨다. 내가 들어서자 우리 교수님은 '델라는 진짜 성실하고 똑똑한 학생'이라며 나를 추켜 세워주셨다. 다른 남자 교수님도 '이렇게 아름다운 동양 아가씨를 만나 너무 반갑다'라며 분위기를 한껏 UP 시키셨다. 그런데 이 모습을 지켜보던 여자 교수님이 못마땅하다는 표정으로 말씀하셨다.

"교수님들, 자꾸 이런 식으로 저 학생을 편애하면 내가 확 저 학생 떨어뜨려 버릴 거야!"

순간 시험장 분위기는 얼음장처럼 차가워졌다.

여자 교수님은 그 차가운 분위기 속에서 "미뉴에트에 대해 설명해 보세요!"라고 질문을 하셨다. 다행히 복도에서 열심히 봤던 부분이었기에 난 막힘없이 대답할 수 있었다. 내 대답을 들으시더니 여자 교수님은 고개를 끄덕이셨다.

이어서 남자 교수님이 나에게 질문하실 차례가 되었다. '과연 저 교수님이 진짜 장송곡에 대해서 질문하실까?' 내 심장은 금방이라도 터질 듯 두근거렸다.

"나는 이렇게 아름다운 아가씨와 전혀 어울리지 않을 것 같은것에 대해 질문을 할게요.
아가씨~ 장송곡은 무엇인가요?"

세상에! 진짜로 그 교수님이 장송곡에 대해 질문을 하신 거다. 나는 너무도 자신 있게 장송곡에 대해 마치, 책 읽듯이 줄줄이 대답했다. 그랬더니 여자 교수님이 "브라바!"라고 하셨다. 우리 교수님은 "내가 델라는 똑똑한 진짜 내 학생이라고 했잖아요"라며 신나 하셨고 그 순간 얼음장처럼 차가웠던 분위기는 화기애애하게 바뀌었다. 이후 교수님들과 약간의 수다를 떨며 기분 좋게 교실 문을 나왔다.

시험장을 나서자마자 하나님께 감사기도를 드렸다. 그리고 1층에 내려가서 그 남자 교수님께 감사 인사를 드리고자 시험이 끝날 때까지 기다렸다. 그런데 아무리 기다려도 남자 교수님은 안 내려오시는 거였다. 우리 교수님과 여자 교수님도 내려오셨는데 남자 교수님은 볼 수가 없었다. 나는 혹시 교수님이 교실에 계신가 하고 올라갔는데 교실에는 아무도 없이 비어있었다. 분명 학교에서 나가려면 1층 매점 앞을 지나야지만 밖으로 나갈 수가 있는데 그곳에서 교수님을 아무리 기다려도 만날 수가 없었다.

그리고 집에 돌아오는 길에 나는 엄마, 아빠한테 전화를 걸었다.

"엄마, 아빠! 나 천사를 만났어!!!"

가족들에게 화성학 시험 에피소드를 전했고 우리 가족은 하나님께 감사의 기도를 드렸다. 결국, 화성학을 비롯하여 전 과목에 합격하며 나는 그해 여름방학을 한국에서 보낼 수 있었다.

아직도 신기한 건 그날 시험 이후, 매점 앞에서도 그리고 5학년이 되어 1년 동안 학교를 다니면서 단 한 번도 그 남자 교수님을 만날 수가 없었다는 것이다. 나는 아직도 잊을 수가 없다. 하나님이 보내주신 천사를 만난 그날의 순간을, 그날의 감격을!..

9. 나에게 로마란

내가 이탈리아 로마에서 유학했다고 하면 많은 분이 "너무 아름다운 곳인데 여행도 많이 했겠어요. 너무 재밌었겠어요!"라고 말씀하신다. 하지만 그때마다 나는 왜 로마가 아름답다고 하는지 도무지 이해할 수가 없었다. 귀국하고 몇 년 후 나폴리에서 초대를 받아 공연 갔을 때 그때 처음으로 이탈리아 여행을 하며 비로소 '진짜 이탈리아가 아름답구나!..'라는 걸 알게 됐다. 그제야 왜 그렇게 사람들이 이탈리아, 이탈리아 하는지 알 수 있었다.

돌이켜보면 유학 시절엔 정말 공부밖에 안 했던 것 같다. 로마에서 기차를 타고 1시간만 올라가면 피렌체고, 1시간만 내려가면 나폴리인데 여행은커녕, 로마조차 제대로 다녀 보지 못했다. 빨리 한국에 가겠다는 일념 아래 5년 과정을 2년 만에 마치기 위해서 오로지 공부만 했다. 새벽기도 후엔 커피숍에서 공부하고, 학교에선 수업 외 공강 시간에는 도서실에서 공부했다.

그러다 보니 내 책가방에는 수업 교과서 외 공강 시간에 공부할 책들, 그리고 이-한 사전, 한-이 사전, 이-이 사전까지 가지고 다녔고, 매일매일 돌덩이를 매고 다니는 것 같은 무거운 책가방으로 내 어깨는 항상 아팠다.

그러던 어느 날 초등학생들이 바퀴 달린 가방을 끌고 등교하는 모습을 발견했다. 그 모습을 보면서 '아! 저거다!' 기뻐하며 나는 가방 가게로 달려갔다. 혹시 바퀴 달린 가방 중 너무 유아틱 하지 않은 디자인의 가방이 있는지 물어보니 아저씨는 여기 있다며 보여주는데 하늘색의 심플한 디자인의 가방이었다. 나는 한치의 망설임도 없이 그 가방을 사서, 그날부터 졸업하는 날까지 바퀴 달린 가방을 끌고 학교에 다녔다.

명품가방을 들고 멋지게 꾸미며 학교에 다녔던 친구들 사이에서 내 가방은 단연 화제였다. 그렇지만 나는 하나도 창피하지 않았다. 그저 그 가방이 너무 사랑스럽고 고마웠다. 그 가방 덕분에 내 어깨는 아픔에서 해방되었고, 책이며, 사전이며 넣고 싶은 거 마음껏 넣고 다닐 수 있어 밖에서 공부하는 데에도 제약이 거의 없었다. 얼마나 정이 들었던지 한국 올 때 그 가방도 같이 가지고 왔다.

공부만 하고 이사만 다녔던 내 유학 생활이 힘들고 어려웠겠다고 생각할 수 있겠지만 예상과 달리 나는 향수병에 시달린 적도 없었고 오히려 너무 재밌게 2년 반을 보냈다. 물론 다시 유학 생활을 하라고 하면 절대, 못하겠지만 당시의 유학 생활은 즐겁고 재밌었다.

한인교회 한평우 목사님과 사모님 그리고 박영길 장로님과 박창성 권사님께서 나를 참 많이 예뻐해 주셨다. 장로님과 권사님은 구역예배 등 먹을거리가 푸짐한 날에는 꼭 집에 초대해주셨고, 시험이 끝난 날이면 수고했다고 좋은 식당에 데려가서 맛있는 음식도 사주시며 따뜻하게 날 챙겨주셨다. 목사님과 장로님은 우리 엄마가 이탈리아에 오셨을 때 근사한 식당에서 식사를 대접해 주시며 나에 대한 칭찬을 끊임없이 해주셨다.

유학생이었던 나를 보호자처럼 때때마다 보살펴 주시고 따뜻한 사랑으로 베풀어주신 목사님과 사모님 그리고 장로님과 권사님에 대한 고마움은 잊을 수가 없다. 그래서 나는 귀국 후 지금까지 이분들이 한국에 오실 때면 맛있는 식사를 대접하며 감사의 마음을 표현한다.

그리고 나에게는 친구들이 있었다. 일본 친구 Mami, 내 룸메이트 Iman, 앞집에 살았던 주현 오빠, 한국에 있는 이탈리아 어학원에서 처음 만나 로마에서도 함께 공부했던 양희 언니, 서울대 선배인 시영 언니와 싼타에서 나와 같은 학년이었던 중일 오빠.. 이들이 없었으면 나는 너무 외롭고 힘들어서 매일 울었을지도 모르겠다. 이들은 늘 내 편이었고, 항상 내 옆에 있어 줬고, 내가 어려웠던 순간마다 바로 달려와 줬다. 그리고 우리는 지금까지 변함없는 우정을 나누고 있다.

매일 아침마다 갔던 커피숍 주인 할아버지, 길가 꽃집 알바니아 출신 사장님 Lino, 피자가게 아저씨 Domenico, 우리 집 앞 커피숍 아저씨와 아들, 문방구 아저씨 Stefano, 싼타 매점 아줌마, 아저씨, 도서관 사서 Natalia, 학교 연습실 관리자 Roberta 그리고 언어 선생님

Vittorio 등... 정말, 많은 사람이 나를 반겨주고 챙겨주었고, 그들 덕분에 나는 외롭지 않았다. 오히려 하루하루가 즐겁고 재밌었다.

엄마가 나를 만나러 로마에 온 적이 있었는데 이들에게 "우리 엄마 곧 로마에 오셔!" 라고 얘기하니까 이구동성으로 꼭 엄마를 보고 싶다고 했다. 그래서 내가 엄마한테 "엄마~ 로마 오면 만날 사람들이 많아. 빅토리오, 로베르타, 도메니코.." 이탈리아 이름들을 나열하니까 엄마는 '유럽 영화 속에 나오는 으리으리하고 멋진 곳을 가는구나' 상상하셨다고 했다. 그런데 막상 내가 데려간 곳은 우리 집 앞 길거리에 자리 잡은 꽃집, 고급 이탈리아 레스토랑이 아닌 조각 피자를 파는 우리 집 1층 자그마한 피자집, 학교 매점, 교회 앞 커피숍 등 소박한 곳이었다.

그랬다. 그분들은 사회적으로 높은 지위를 가지고 있는 분들은 아니었지만 내 옆에서 나와 함께 해준 내 동네 친구들이었고, 내 이웃들이었다. 그리고 그들은 우리 엄마에게 작은 장미 꽃다발, 크로와상과 카푸치노, 조각피자, 샌드위치 등 그들이 줄 수 있는 최고의 것들을 주며 우리 엄마를 반갑게 맞아주었다. 사실 이탈리아 사람들이 공짜로 누군가에게 주는 것은 정말 흔치 않기 때문에 나에 대한 그들의 진정한 마음을 고스란히 느낄 수 있었다.

이분들은 하나님께서 내가 유학 생활을 잘할 수 있도록 만나게 한 보석 같은 나의 친구들이자, 어른들이었다. 만약 이분들이 없었다면 내 유학 생활이 이렇게나 아름다운 추억으로 남을 수 있었을까? 나에게 있어 로마는 공부, 이사 그리고 보석 같은 나의 친구들로 표현할 수 있을 것 같다.

10. 졸업

나는 여름방학이 되자마자 바로 한국에 왔다. 로마의 햇볕이 얼마나 뜨거웠는지 내 얼굴은 까맣게 타 있었다. 집에 도착하자 '이렇게 좋은 집을 놔두고 유학을 떠났다니!. 몰랐으니까 갔지, 알았으면 절대 유학 안 갔을 텐데..'라며 한국에서 여름방학을 신나게 보냈다. 그리고 9월 아쉬움을 뒤로 한 채 다시 로마로 돌아가서 5학년을 맞이했다. 한국 전통 기념품과 과자를 이탈리아 친구들에게 선물했는데 한국 과자를 처음 먹어본 친구들은 다들 맛있다며 좋아했다.

다시금 새벽기도를 하며 한국에 빨리 돌아가겠다는 일념 아래 공부를 했다. 5학년은 졸업반으로 학과목만 시험 보는 4학년과 달리 성악 시험과 학과목 시험 둘 다 봐야 했다. 5학년 기말고사는 4학년과 똑같이 6월과 9월, 그 다음 해 2월 이렇게 3번의 기회가 주어졌는데, 학과목을 합격해야 성악 실기시험을 볼 수 있는 자격이 주어졌고, 마지막 성악 시험에 합격하면 졸업을 할 수 있었다.

우리 학교에는 악명 높은 교수님이 한 분이 계셨다. 오페라사 과목을 가르쳐주시는 Buratti 교수님이셨는데 이 교수님은 수업시간에도 엄청 무섭고, 시험도 까다로워서 한 번에 합격하는 학생이 거의 없다고 정평이 날 정도로 학교 전체에서 아주 유명한 교수님이셨다. 나의 성악 지도 교수님도 Buratti 교수님 시험만 통과하면 졸업하는 거에 있어서는 다른 건 문제가 안 될 거라고 할 정도였다.

하지만 나는 4학년, 5학년 2년 동안 교수님과 공부를 하면서 그 교수님이 참 좋았다. 실제로 지금까지 교수님과 가끔 연락을 주고받고 있다. 지식적으로 엄청 똑똑하신 만큼 수업 내용도 체계적이었고, 수업 중간중간 시험에서 질문할 수 있는 예상문제도 가르쳐주셨다. 숙제 잘해가고 수업 내용만 잘 정리하면 교수님과의 관계에 있어서 전혀 어려울 게 없었다.

다시금 전 과목을 6월에 합격하고 성악시험을 잘 본 후 졸업하는 걸 목표로 공부를 했다. 드디어 6월이 다가왔고 소문으로만 들었던 그 어렵다는 Buratti 교수님의 시험 날이 됐다. 교수님 시험은 총 3개로 '노래와 연기', '3ore', '질문과 대답' 이렇게 이루어져 있었다.

'노래와 연기'는 오페라 속 노래들을 연기하면서 부르는 시험인데,

노래 시험이기에 어렵지 않게 끝났다. '3ore'는 3시간이란 뜻으로서 학생들을 교실에 가둔 채 각기 다른, 전혀 알려지지 않은 생소한 오페라 대본을 무작위로 나눠주면, 3시간 동안 학생들은 주어진 대본을 분석해야 하는 시험이었다.

이 시험이 어려운 이유는 오페라 대본은 거의 고어체로 쓰여 있는데 시험장에 펜 이외의 다른 건 절대 들고 갈 수 없었기 때문이었다. 어려운 고어체 대본을 사전 없이 읽고 내용을 정리하고 분석한 후 심사위원들 앞에서 발표해야 해야 하기에, 이탈리아 학생들도 부담스러워 할 뿐 아니라, 유학생들에게는 굉장히 어려운 시험으로 정평이 나 있었다.

말로만 듣던 3ore 시험을 보기 위해 나와 우리 반 친구들은 큰 강의실로 들어갔다. 조교는 각기 다른 오페라 대본을 한 사람씩 나눠줬다. 두근거리는 마음으로 대본을 펼쳤는데 다행히 수업 때 대본 공부를 많이 한 덕분에 고어로 써 있는 언어가 그리 어렵게 다가오진 않았다.

3시간 후, 그 무섭다는 Buratti 교수님의 시험을 치르러 한 명씩 시험장으로 들어갔다. 시험을 보고 나온 친구들은 하나같이 교수님의 질문에 대답을 잘못하면 엄청 혼났다고 했다. 그 말에 우리는 두려움에 떨며 자신의 순서를 기다리고 있었다. 드디어 내 순서가 다가왔다.

나 역시 긴장하며 문을 열고 들어갔다. 그 순간 Buratti 교수님은 내가 놀랄 정도로 나를 격하게, 반갑게 맞아주셨다. 그리고 다른 심사위원에게 델라는 진짜 내 애제자라고, 너무 똑똑하고 성실한 학생이라며, 무엇을 물어봐도 다 대답할 거라고 하셨다. 다른 심사위원이 3ore 때 내가 읽은 오페라에 대해 설명을 해보라고 했다. 나는 수업시간에 배운 형식에 맞춰 설명했고, Buratti 교수님은 "이것봐! 델라는 Bravissima야!!" 라며 내 모습에 흐뭇해하셨다.

그렇게 시험은 내가 긴장했던 것과는 달리 화기애애한 분위기 속에서 끝났다. 그리고 나는 10점 만점에 9.7점을 받게 됐다. Buratti 교수님이 이렇게 높은 점수를 준 적이 없다며 내 점수는 학교에서도 소문이 났다. 성악 지도 교수님도 소문을 들으시곤 정말 9.7점을 받았는지 확인을 하시더니 'Buratti 시험에서 9.7점은 10점이나 다름없다'며 나보다 더 흥분하셨다.

우리 교회에서는 내가 10점 만점에 10점을 받았다며 과장되게 소문이 났다. 교회에 소문이 날 정도로 Buratti 교수님의 점수는 대단한 이슈였다. 그렇게 하나님의 은혜 가운데 목표 했던 대로 2년 만에 학교를 마치게 되었다.

나는 유학 첫날 계획한 대로 졸업을 한 그 주에 바로 짐을 싸서 바로 한국으로 들어왔다. 귀국 전 성악 지도 교수님께 한국으로 돌아가겠다고 인사를 드리러 갔더니 이제 오디션도 보고 국제 콩쿠르도 나가야지 어딜 가냐며 나를 붙잡으셨다. 나중에 내 친구들에게 들었는데 교수님이 "델라 진짜 한국 갔어? 이탈리아로 진짜 다시 안 돌아와?" 물어보셨다고 했다.

    교회 목사님과 장로님도 내가 한국 들어간다고 하니까 이탈리아에서 30년 넘게 유학생들을 봤지만 이렇게 오자마자 싼타에 들어가서 2년 만에 졸업한 사람도 처음 봤고, 또 바로 한국 들어가는 사람도 처음 봤다며 재능이 이렇게 출중한데 왜 한국에 들어가냐며 말리셨다. 귀국하고 몇 달 뒤 목사님은 나에게 메일을 보내셨다. 하나님께 뛰어난 재능을 받았는데 너무 아깝고 안타까운 마음이며, 다시 로마로 나와 나의 재능을 이탈리아에서 펼치면 좋겠다고 적혀있었다.

    하나님의 은혜로 유학 생활을 잘 마칠 수 있었다. 뒤도 돌아보지 않고 한국으로 짐 싸서 나올 만큼 후회 없는 시간이었다. 어려운 환경 가운데서도 내가 전혀 어려움을 느끼지 못하고 지나갈 수 있게 늘 나에게 사람을 붙여주시고, 풍족하지 않은 환경이었지만 그 안에서 만족함을 누릴 수 있게 모든 것을 준비해주신 하나님!.. 그리고 내가 어찌할 수 없는 상황에서는 천사를 보내셔서 나를 도와주신 하나님!.. 그 하나님이 계셨기에 나의 유학 생활은 빛날 수 있었다. 에벤에셀의 하나님께서 내 곁을 떠나지 않고 항상 지켜주셨음에 감사드리며, 이 모든 영광을 하나님 내 아버지께 올려 드린다.

5부

1. 제가 좀 쉬어야 할 것 같아요
2. 처음으로 경험해본 무대에서의 은혜
3. 하나님께 받은 생일 선물
4. 홀로서기
5. 좌충우돌 성장기
6. 나도 모르는 내 길
7. 음반 제작자로 데뷔
8. 작사가 신델라
9. 신델라의 WITH YOU 그리고 나의 TEAM 델라벨라

1. 제가 좀 쉬어야 할 것 같아요

로마에서 2년 만에 조기 졸업을 하고 귀국했기 때문에 석사를 다 마치고 한국에 들어왔음에도 불구하고 내 나이는 불과 26살이었다. 당시 내 친구들은 아직 한국에서 대학이나 대학원을 다니고 있었고 혹은 유학 중이었다. 누가 시킨 것도 아닌데 초 스피드로 공부를 마치고 한국에 들어와 내방 침대에 누우면서 혼자 중얼거렸다.

'이렇게 좋은 곳을 놔두고 내가 왜 고생을 했을까!..'

그만큼 몸과 마음이 지쳐있었고, 체력도 바닥이 나 있었다. 아무 생각 없이 그저 가족과 함께 마음껏 먹고 얘기하며 편하게 쉬고 싶었다. 친구들을 만나 수다 떨고 영화도 보고, 쇼핑도 하며 즐기고 싶었다. 그렇게 한껏 여유를 누리려고 하는 순간 핸드폰이 울렸다.

"신델라 선생님이시죠? 귀국하셨다는 소식 들었어요. 공연 섭외하고 싶어 연락 드렸어요!"

내 소식을 어떻게 알았고, 내 번호는 어떻게 알았는지.. 나도 모르는 공연 기획사와 극장에서 섭외 연락이 오기 시작했다. 음악계, 방송계에 그 누구 하나 아는 사람도 없는 신인인 나에게 그렇게 큰 회사와 큰 극장에서 공연 섭외가 오다니.. 지금 생각해 보면 기적 같은 일이 아닐 수 없다.

그러나 옛말에 '무식하면 용감하다'고 했던가.. "연락 주셔서 감사합니다~"라며 깍듯하게 인사를 해도 모자랄 판에 "제가 공부하느라 너무 지쳐있어서요. 조금 쉬어야 할 것 같아요. 죄송해요."라며 나는 오는 전화마다 번번이 거절했다. 내가 무슨 짓을 저지르고 있는지도 모른 채 그렇게 들어오는 섭외 연락을 모두 거절하며 2년 넘게 내 나라 내 조국에서 내가 사랑하는 가족과 친구들과 함께 재밌게 지내며 20대 청춘을 즐겼다.

2. 처음으로 경험해본 무대에서의 은혜

쉬고 있는 2년 동안 감사하게도 공연 섭외는 계속 있었다. 어느 날 CBMC에서 연락이 왔다. 부산 BEXCO에서 3,000명이 넘는 크리스천들이 모이는 한국대회가 열리는데 그곳에서 찬양을 불러 달라는 연락이었다. '찬양'이란 단어를 듣는데 불현듯 '이젠 그만 쉬고 노래를 해야겠다'는 생각이 들었다. 그리고 기도하는 마음으로 유학 후 한국에서의 첫 무대를 준비하기 시작했다.

부산에 내려가는 내내 오랜만의 무대에 서는 설렘을 감출 수가 없었다. 사람들이 식사하러 간 사이 반주자 선생님과 리허설을 맞췄다. 전문 콘서트홀이 아닌 컨벤션센터에서 노래하는 건 처음이라 무대, 객석, 스피커 등 공연 환경의 모든 것이 낯설었지만 큰 어려움은 없었다.

식사를 마친 사람들이 한 명, 두 명 자리를 채우기 시작했고, 나는 무대 뒤에서 기도하며 순서를 기다렸다. 드디어 떨리는 마음으로 무대에 들어서는데, 끝도 없이 길고도 넓게 앉아 있는 3,000명이 넘는 관객들이 나를 박수로 맞아주셨다.

첫 곡, 나운영 선생님의 〈시편 23편〉의 첫 노래 소절이 나오자 공연장은 물 끼얹은 듯 조용해졌고, 마지막 소절 '아멘'이 끝나자 우레와 같은 함성과 박수가 터져 나왔다. 하나님께 '감사합니다!'라고 올려드린 후, 다음 곡 〈나는 믿네〉 이 곡의 전주가 나오는데 갑자기 내 주변이 따뜻해짐을 느꼈다.

그리고 찬양을 부르는데 마치 내가 은혜를 받는 듯한.. 그 어떤 말로 표현할 수 없는 순간이 펼쳐졌다. 내 노랫소리에 은혜를 받는 것이 아니라, 노래를 부르고 있는 그 순간, 그 자체가 은혜로 임하는 것이었다. 처음 경험하는 신비로운 순간이었고 이 표현이 맞는지조차 잘 모르겠지만 따뜻함이 나를 감싸는 은혜의 시간 그 자체였다.

그 일을 경험하고 난 후부터 나에게는 기도 제목이 하나 더 생겼다.

'내 노래를 듣는 사람들에게 하나님의 한없는 은혜를 부어주시고, 듣는 사람들에게 뿐 아니라 노래를 부르는 저에게도 하나님의 은혜를 부어주시옵소서.'

그렇게 하나님의 은혜를 경험하면서 많은 사람들에게 한없는 박수갈채를 받으며, 찬양으로 한국에서의 나의 첫 무대는 시작되었다.

3. 하나님께 받은 생일선물

모차르트의 오페라 〈마술피리〉, 마쓰네의 오페라 〈베르테르〉를 하면서 본격적으로 활동을 시작했다. 오페라에서의 내 모습을 보고 KBS 〈누가 누가 잘하나〉에서 연락이 왔다. KBS 어린이 합창단 출신이었던 나는 어린 시절 매주 녹화했던 그 프로그램이기에 마치 어린 시절로 돌아간 듯 신나게 방송국을 갔다. 심사평을 해야 하는데 대회 참가한 아이들이 혹여나 상처받을까 싶어 이 표현, 저 표현 바꿔가며 진땀을 흘리면서 심사평 했던 기억은 아직도 생생하다.

이후 KBS 〈클래식 오디세이〉에서 섭외 연락이 왔다. 경복궁에서 펼치는 한국가곡 특집에 출연하게 되었고, 그 녹화가 끝난 직후 바로 클래식 오디세이에서 또다시 섭외가 들어왔다. 〈소프라노 신델라의 하루〉(정확한 타이틀은 기억나지 않음)를 찍었으면 좋겠다는 것이었다. 카메라가 나를 따라다니면서 나의 일상을 찍는 건데, 신인이었던 나에게는 너무 놀라운 제안이었다. 당시 금융권 VIP고객 초청 단독콘서트와 음반 녹음, 그리고 학교 수업 등으로 정신없이 움직이는 내 스케줄을 고스란히 담고자 바쁜 피디님과 카메라 감독님들이 3일씩이나 시간을 내서 나의 일과를 촬영해 주셨다.

지금 돌이켜보면 '여호와 이레' 되신 우리 하나님께서 풍성한 녹화를 위해 '마치 촬영 날짜에 맞춰 미리 내 스케줄을 잡아 놓으신 건 아닐까?'라는 생각이 들 정도로 스케줄이 방송 날짜에 맞춰 정획히게 짜여 있었다. 얼마 지나지 않아 KBS 〈열린음악회〉에서 연락이 왔다. 수화기 너머로 "KBS 열린음악회 작가예요~"라며 들려오는 작가님 목소리가 마치 꿈속에서 들려오는 것만 같았다. 어린 시절 매주, 주일마다 〈열린음악회〉를 보며 '나중에 꼭 저 프로에 나가 노래해야지~'라고 꿈을 꿨었는데 그 프로그램에서 출연 섭외가 오다니.. 그런데 더 깜짝 놀란 건 다름 아닌 녹화 날짜였다. 바로 내 생일날이었다.

날짜를 듣자마자 마치 하나님이 나한테 생일 선물을 주신 것만 같아 감격의 기도를 드렸다. 〈열린음악회〉는 녹화임에도 생방송처럼 진행하기에 정신없이 빠른 템포로 돌아가는 첫 녹화의 긴장됐던 순간 그리고 생일 선물로 받은 그 날의 무대, 기분, 향기, 공기 이 모든 것이 지금까지도 감사함으로 생생하게 남아있다.

4. 홀로서기

활동을 시작하고 얼마 지나지 않아 큰 기획사 몇 군데에서 계약하고 싶다고 연락이 왔다. 계약조건들은 다 좋았다. 계약조건 중 이름만 들어도 아는 세계 유명 오케스트라와 음반을 내주는 것은 물론이며, 해외 공연뿐 아니라 드라마 OST 녹음 등 그야말로 스타를 만들어 주겠다는 내용이 포함되어 있었다. 누가 들어도 너무 좋은 계약조건들로 계약만 하면 마치 내가 신데렐라가 될 것만 같았다. 기획사에서 나에게 원하는 건 단 하나, 전속계약이었다.

나는 그저 노래가 좋았다. 노래가 좋아 서울대를 간 거지 서울대를 가기 위해 노래를 하지 않았다. 노래가 좋아 유학 간 거지 소위 말하는 스펙을 만들기 위해 유학 간 게 아니었다. 노래가 좋아 성악가로 살아가는 거지 성공을 위해 이 직업을 선택한 게 아니었다. 그런데 만약 회사와 전속계약을 맺어 소속 아티스트가 된다면 내가 원하는 음악이 아닌 회사가 원하는 음악을 해야 할 것만 같았다.

기획사의 화려한 제안에 들뜬 마음도 잠시.. 고민 끝에 나는 그 좋은 계약조건을 다 거절하고, 홀로서기를 결심했다. 회사와 계약을 하면 대중적으로 유명해지고 더 좋은 조건으로 무대에서 활동할 수 있을지는 모르겠지만 그 무대에서 부르는 노래는 내가 원하는 음악이 아닌 회사가 원하는 음악일 것만 같았다. 내 주변 사람들은 바보 같은 결정이라며 다시 한번 생각해 보라고 했다. 하지만 우리 부모님은 이런 나의 결정을 지지해주셨고, 덕분에 나는 주저함 없이 용감하게 그리고 정중히 거절할 수 있었다.

하나님만 의지하고 홀로서기를 한 나는 몇 년 후 내 회사 〈멜로디 컴퍼니〉와 사단법인 〈뮤직나눔〉을 만들었다. 음반도 제작하고, 공연도 제작하며, 만남의 축복으로 좋은 사람들과 작업 할 수 있었다. 또한, 초등학교 3학년 음악 교과서에 내가 소개되는 영광도 얻었다. '아름다운 목소리편'에 성악가 신델라 이름과 함께 내 사진이 교과서에 실리며 내가 부른 밀양아리랑이 학생들에게 소개됐다. 뿐만 아니라 나의 소중한 팀 〈델라벨라 밴드〉와 〈델라벨라 싱어즈〉도 만들면서 나만의 음악 이야기를 현재진행형으로 써 내려가고 있다.

나 혼자가 아닌 주님과 함께..

5. 좌충우돌 성장기

피부 관리를 받고 있었다. 그날따라 관리를 받으며 깊이 잠들었는데 갑자기 핸드폰이 울렸다. 얼굴 전체에 팩까지 덮고 있었기에 발음도 약간 부정확한 채로 말했다.

"여보세요!"
"신델라씨죠? 여기 뮤지컬 셜록 홈즈인데요!"
"네~!"
"여자 주인공으로 캐스팅 하고 싶어 전화 드렸어요."

담담한 나의 반응에 약간 당황해하는 기색이 비쳤다.

"아... 저희 뮤지컬에 루시 존스라는 여자 주인공이 있는데 그 역할로 캐스팅하고 싶어 전화 드렸어요!"

성악 외 다른 건 잘 몰랐었기에 당시 뮤지컬에 대해 잘 알지 못했고, 〈셜록 홈즈〉란 작품이 있는지도 몰랐다.

더욱이 얼굴엔 팩이 붙어있었고, 잠이 덜 깬 채, 그야말로 비몽사몽이었던 나는

"죄송한데 어디시라구요?"

"뮤지컬 셜록 홈즈요"

"그런데 저한테 왜 전화 하셨다구요?"

"여주인공으로 캐스팅 하려구요"

"네.."

"아.. 저희 뮤지컬 수상도 많이 한 유명한 작품인데 여주인공으로 신델라씨를 캐스팅하고 싶어 연락했어요"

"네.."

"매회 매진에 현재 ○○극장에서 공연중인데요"

"네.. 그런데 어디시라구요?"

"뮤지컬 셜록 홈즈요"

"죄송한데 저한테 왜 전화하셨어요?"

"여주인공으로 캐스팅 하려구요"

마치 시트콤의 한 장면처럼 이 대화는 도돌이표처럼 한동안 이어졌다.

지금 생각해도 너무 웃음이 나는 이 통화가 바로 나의 뮤지컬 첫 입성 스토리다.

캐스팅 이사님 말씀으로는 당시 뮤지컬 〈셜록 홈즈〉는 뮤지컬 어워즈에서 수많은 상을 휩쓸며 그야말로 인기 절정의 핫한 작품이라 오디션 연락만 해도 다들 목소리가 한껏 흥분돼서 자기를 반갑게 맞아주는데, 나는 오디션도 아니고 주인공으로 캐스팅한다고 연락을 했음에도 불구하고 반기기는커녕 "네? 어디시라구요? 저한테 왜 전화하셨어요?"를 무한 반복해서 물어보니 당황스럽기도 하고 '우리 작품이 이렇게 안 유명했나, 도대체 이런 상황에서 어떻게 해야 하지?' 등.. 수만가지 생각이 지나갔었다고 했다. 이사님과 가끔 이날의 일화를 얘기하며 아직도 둘이 깔깔대고 웃곤 한다.

그렇게 나는 뮤지컬 〈셜록 홈즈〉의 여자 주인공 〈루시존스〉로 데뷔를 하게 됐다. 만약 이사님이 바보처럼 자꾸 반복해서 물어보는 내가 이상해 그냥 전화를 끊었다면 내 인생의 뮤지컬 1막이 열릴 수 있었을까?!

하루는 공연 끝나고 무대에서 막 내려와 드레스 지퍼를 내리려는 찰나에 핸드폰이 울렸다. 모르는 번호였다.

"신델라 선생님이시죠? ○○카드 공연에 섭외하려고 연락드렸는데 혹시 통화 가능하신지요?"

너무도 유명한 카드회사였고 특히 해외 유명 뮤지션들의 내한공연, 슈퍼 콘서트로 유명했던 카드사 공연 섭외였다. 옷 갈아입는 게 뭐가 그렇게 급하다고 그 중요한 기업에서 섭외 전화가 왔는데 "아! 제가 지금 공연 끝나고 막 옷 갈아입고 있었거든요. 10분 후에 전화 다시 주실 수 있으세요?"라고 대답했다.

'십 분 후 제가 전화 드릴게요'도 아니고 '전화 주실 수 있으세요?' 유럽에서는 '소프라노는 바닷가의 모래알 같다.'라는 표현이 있다. 그만큼 소프라노 숫자가 많다는 뜻이다. 만약 그 담당자가 마음이 상해 10분 후 나에게 연락을 하지 않았다면 어떻게 됐을까?

○○카드사에서는 당시 국내에서 다소 생소했던 플래시 몹 공연, 연주자들이 사람들의 일상 속에서 같이 있다가 갑자기 음악이 나오면 공연을 하는 플래시 몹 공연을 코엑스, 서울역, 타임스퀘어 그리고 부산 센텀시티 그야말로 12월 사람들이 가장 많이 모이는 장소에서 연출하고자 했다. 공연은 뮤지컬 배우이자 고등학교, 대학 후배인 카이와 함께 했다. 나와 카이, 그리고 스텝들은 함께 스토리를 만들고, 동선을 짜고, MR 작업도 하는 등.. 그야말로 신인이기에 가능했던 무한 열정을 쏟으며 너무 재밌게 작업을 했다. 그리고 4번의 공연은 모두 성공적으로 마쳤다.

지금도 그때를 생각하면 그 유쾌했던 시간들이 생생하게 기억난다. 만약 10분 후 그 담당자에게 다시 연락이 오지 않았다면 그 멋진 추억은 만들어질 수 없었겠지..

몇 년 전, 귀국 후 첫 예술의전당 콘서트홀 공연을 며칠 앞둔 날이었다. 갑자기 핸드폰이 울렸다. 국내 최고의 기업 공연 섭외 전화였다. 외국 클라이언트를 모시고 하는 아주 중요한 프라이빗 콘서트로 갑작스럽게 잡힌 일정이었다. 공연 날짜를 얘기하는데 예술의전당 콘서트홀 공연 하루 전날이었다. 귀국하고 첫 예술의전당 공연이기 때문에 그날은 나에게도 아주 중요한 날이었다. 그래서 설명을 드린 후 정중하게 거절하고 끊었다.

몇 분 후, 갑자기 다급한 목소리로 전화가 왔다. 얘기인즉, 이 공연이 워낙 중요한 공연이라 대표님께 직접 컨펌을 받고 진행하는데, 실무자가 실수로 내 스케줄을 확인도 하기 전에, 내가 이날 연주가 가능하다며 보고를 다 끝낸 상황이라는 것이었다. 그래서 내가 이 공연을 안 하면 실무자들이 큰일난다고..

그런데 나도 이 공연을 하면 큰일 날 것만 같았다. 바로 다음 날이 예술의전당에서 오케스트라와 하는 큰 공연이라 잠을 잘 자고 컨디션 조절을 해도 모자라는데 하루 전날 다른 공연이라니.. 도저히 수락을 할 수가 없었다. 정중히 거절을 하자 또 다른 분이 전화가 오고, 또 다른 분이 전화가 오면서 나중에는 그냥 아무 곡이나 한 곡만 불러서 얼굴만 비춰달라고, 내가 안 오면 실무자들 모두 경질당한다며 부탁을 하셨다.

연륜도 쌓이고, 사회생활도 쌓인 지금의 나였다면 실무자들이 경질 당한다는데.. 가서 한 곡 빨리 부르고 왔겠지만.. 당시 아직 어리고 신인이었던 나는 귀국 후 첫 예술의 전당 공연을 하루 앞두고 도저히 갈 엄두가 나질 않았다. 그만큼 나에게 그 공연은 중요했었다.

계속된 부탁과 거절의 반복에 나는 그만 핸드폰 전원을 끄고 말았다. 그리고 생각했다. 나는 '오늘부로 이 기업의 공연은 할 수 없겠구나.. 국내 최고의 기업과의 인연을 이렇게 내 손으로 흘려 보내다니..'

그런데 놀라운 일이 일어났다. 예술의전당 대기실에서 공연을 준비하고 있는데 갑자기 핸드폰이 울렸다. 꽃 배달이었다. 내 생애 지금까지도 그렇게 큰 꽃바구니는 받아본 적이 없다.

'지난번에 실례를 범해 죄송했습니다. 오늘 공연 성황리에 마치시길 응원합니다.'

꽃바구니 속 카드에는 이렇게 적혀있었다. 그리고 내 예상과 달리 이후에도 그 기업에서 계속 공연 섭외가 들어왔고 나는 실무진들과 웃으며 만났다. 심지어 그 그룹의 '사가'까지 녹음하고 오전 사내방송에 단독 인터뷰까지 나갔으니 분명 보통 인연은 아닌 듯하다. 만약 그때 실무진들이 경질되었다면 내 음악 인생의 중요한 한 페이지를 놓치지 않았을까?!

하루는 전화벨이 울렸다. 이홍렬의 라디오쇼 작가님이셨다. 몇일 전 내 음반을 방송에서 틀었는데 이홍렬 선생님이 "얘 노래 너무 잘한다! 아티스트 초대석에 섭외해봐"라고 하셨다고 했다. 어린 시절 너무 좋아했던 개그맨 이홍렬 선생님을 만나고 싶어 나는 한걸음에 달려가 방송에 출연했다. 그리고 몇일 후, 작가님께 다시 전화가 왔다. 매주 금요일 고정 코너를 하나 만들려고 하는데 '내가 맡아서 하면 좋을 것 같다'고 이홍렬 선생님이 제안해주셨다고 했다. 그렇게 시작된 코너가 바로 '신뎰라의 클래식 숨은그림찾기'다.

두달 쯤 지났을까.. 나는 매주 생방송을 해야 하는 부담감과 바쁜 스케줄로 인해 더 이상 방송을 이어가기가 어려울 것 같다고 선생님께 조심스레 말씀드렸다. 그러자 선생님은 '다른 사람들은 코너 하나 맡고 싶어 애쓰는데 무슨 소리를 하는 거냐'며 지금 방송 잘 하고 있다고 격려해주셨다. 그리고 공연이 있는 날에는 나 대신 내 지인이 와서 방송을 할 수 있게 배려해주시며 계속해서 코너를 이어갈 수 있게 이끌어주셨다. 나는 최고의 방송인 옆에서 오랜 시간 방송을 배울 수 있었고, 그 덕분에 지금껏 음악회 명 MC로 꾸준히 활약하고 있다.

만약 그때 선생님의 응원과 배려가 없었다면 MC 신뎰라가 이렇게 큰 인기를 누릴 수 있었을까?!

아무것도 모르는 걸 넘어서 철부지 같은 내가 중요한 순간 사고를 칠 때마다 그 뒷수습을 해주시는 분이 계셨다. 신인 시절 매니저도 없고, 회사도 없어 혼자였지만, 실상은 혼자가 아니었다. 철부지 막내딸 같은 내가 좌충우돌 사고 칠 때마다 빙그레 웃으시며 수습해 주셨다. 바로 우리 하나님께서..

6. 나도 모르는 내길

많은 사람이 물어본다.

"정통 엘리트 코스를 밟으셨는데 어떻게 크로스오버를 하게 되셨어요?"

나는 대답한다.

"자연스럽게요!"

지금은 친한 선생님이시지만 당시만 해도 공연으로 몇 번 뵀던 바리톤 최종우 교수님께 하루는 전화가 왔다.

"델라야, 우리나라 OST 거장이신 지평권 감독님이 OST 녹음 때문에 너랑 미팅했으면 하시는데 시간 괜찮니? 너 편한 시간에 나랑 같이 감독님 스튜디오에 가자."

그렇게 지평권 감독님을 만나 MBC 드라마 〈구암 허준〉의 OST를 최종우 선생님과 듀엣으로 불렀다. 그리고 몇 년 후 솔로로 MBC 드라마 〈여왕의 교실〉, 넷플릭스 드라마 〈나 홀로 그대〉 OST를 부르며 상상하지도 못했던 OST 녹음을 하게 됐다. 나의 성악적인 발성을 그대로 살리면서 대중적인 요소를 가미하는 지평권 감독님과의 작업은 언제나 즐거웠다.

〈구암 허준〉 OST 녹음 중 KBS 〈열린음악회〉에서 섭외 전화가 왔다. 크로스오버 특집으로 성악가는 가요를 부르고, 가수는 클래식을 부르며 서로의 장르를 크로스 하는 형식으로 녹화를 한다는 것이었다.

너무 재밌을 것 같았다. 어떤 곡을 부르면 좋을까 대화하면서 작가님은 아이유의 〈좋은날〉은 어떠냐며 추천하시기도 했다. 하지만 나는 부르고 싶은 곡이 따로 있었다. 어린 시절부터 가끔 흥얼거렸던 곡 중 한 곡인 심수봉씨의 〈사랑밖에 난 몰라〉였다. 트로트가 인기인 지금도 성악가가 트로트를 부르는 건 흔치 않은데 당시 2013년에 성악가가 트로트를 부른다는 건, 그것도 〈열린음악회〉처럼 많은 사람이 보는 방송에서 부른다는 건 정말 센세이션한 일이었다. 방송 관계자들이 진짜 부를 거냐며 걱정할 정도였으니..

하지만 내 머릿속에는 무대에서 이 곡을 어떤 식으로 부르면 좋을지에 대한 그림이 다 그려져 있었다. 이 곡을 기타와 함께 부르면 정말 멋있을 것만 같았다. 나는 바로 지평권 감독님에게 말씀을 드렸다.

"감독님~ 저 열린 음악회에서 〈사랑밖에 난 몰라〉 부르려고 하는데 기타랑 부르고 싶어요."

그러자 감독님은 함춘호 선생님과 약속을 잡아주셨고, 며칠 후 감독님 스튜디오 앞 커피숍에서 함춘호 선생님을 만나게 됐다.

"선생님~ 안녕하세요!"

"아! 신델라 씨죠? 목소리만 들어도 알겠네요. 여기 오기 전에 델라 씨 노래를 들었는데 노래 목소리랑 말하는 목소리랑 똑같아서 인사 소리만 들어도 알겠어요. 반가워요!"

젠틀한 함춘호 선생님과 말괄량이 같았던 나의 경쾌했던 첫 만남은 아직도 눈앞에 선하다. 지금도 가끔 선생님과 그때를 추억 삼아 담소를 나누곤 한다.

감독님은 그날 바로 〈사랑밖에 난 몰라〉를 편곡해 주셨고, 나와 선생님은 〈열린 음악회〉에서 〈사랑밖에 난 몰라〉를 열창을 했다. 노래

후 관객들은 KBS홀이 떠나가도록 우레와 같은 환호와 박수로 우리 두 사람의 크로스오버를 격하게 반겨줬다. 이후 선생님과 나는 〈신델라, 함춘호의 드라마틱 콘서트〉라는 타이틀로 지금까지 전국을 다니며 공연을 하고 있고, 많은 사람들의 사랑을 받으며 진정한 크로스오버 무대를 꾸미고 있다.

뮤지컬 〈셜록 홈즈〉 후 몇몇 뮤지컬 작품에서 캐스팅 연락이 왔었다. 그러나 뮤지컬은 일단 연습에 들어가면 뮤지컬 외 다른 공연을 하기 힘들 뿐 아니라 발성도 성악에서 뮤지컬로 바꿔야 하기 때문에, 셜록 홈즈를 하면서 '뮤지컬은 정말 나에게 맞는 작품 아니면 하기 힘들겠다' 생각했었다. 그래서 나는 뮤지컬을 좋아함에도 불구하고 〈셜록 홈즈〉가 끝나고 난 후, 다른 작품에서 연락이 올 때마다 번번이 거절했었다.

그러던 어느 날, 한 통의 전화가 걸려왔다. 뮤지컬 〈위대한 쇼맨〉 제작사 대표님이셨다. 〈위대한 쇼맨〉은 뮤지컬 영화로써 당시 큰 흥행을 거둔 작품이었는데 영화 속 인물 중 '제니린드'라는 성악가가 있었다. 그 영화를 본 내 팬들과 친구들은 하나같이 '제니린드'를 보면서 내 생각이 났다며 영화를 꼭 보라고 했다. 한두 명도 아니고 많은 사람이 이 영화에 대해 얘기하다 보니 나 역시 이 영화를 볼 수밖에 없었고, 너무 재밌게 영화를 봤던 기억이 대표님과 통화하면서 떠올랐다.

대표님은 아시아 초연으로 한국에서 이 작품을 공연하는데 나를 여주인공으로 캐스팅하고 싶으시다면서 남자 주인공 '쇼맨'의 아내 '체어리' 역으로 제안하셨다. 나는 순간 "성악가 제니린드가 아닌 체어리요?" 라며 의문스럽게 물었다. 대표님은 이 작품 속에는 두 명의 여성이 나오는데, 작품 속 두 사람의 비중이 비슷하지만 그럼에도 굳이 따진다면 주인공의 아내가 더 비중이 있는 것처럼 비춰지기에 나를 '체어리'로 캐스팅하고 싶다고 하셨다. 나를 더 비중 있는 배역으로 생각해주신 건 너무 감사했지만 나는 내가 잘할 수 있는 역할을 하는 것이 더 중요하다란 생각이 들었다. 그래서 오히려 내가 대표님께 역으로 제안을 드렸다.

"대표님, 말씀 너무 감사드려요. 그런데 저는 '제니린드'는 잘할 자신이 있지만, '체어리'는 잘할 수 있을지 모르겠어요. 제가 성악가인 거 이미 많은 분이 알고 있고, 극 중에 성악가 역이 있는데 제가 '제니린드'가 아닌 '체어리'를 하는 건 좀 어려울 것 같아요. 역할을 바꿔주신다면 저는 잘할 수 있을 것 같습니다. 만약 바꾸는 게 어렵다면 저는 못 할 것 같아요. 더 비중 있는 역할을 제안해주셨다는 건 그만큼 제작자분들이 저를 인정해주신 것 같아 그것만으로도 충분히 감사합니다. 하지만 저는 제가 잘할 수 있는 역할을 하고 싶어요."

나의 제안에 대표님은 조금 당황해하시더니 혼자 결정할 수는 없고 회의 후 연락 주시겠다고 하셨다. 그리고 며칠 후 '제니린드'로 함께

하자는 연락을 받았고 그렇게 나는 3달 동안 충무아트센터에서 '스웨덴에서 온 꾀꼬리'를 연기했다. 그리고 마치 나의 선택이 틀리지 않았다고 증명해주듯 매회 관객들의 박수와 갈채는 쏟아졌다.

크로스오버 음악이 무엇인지, 뮤지컬은 어떻게 하는 건지 아무것도 몰랐고, 몰랐기에 상상조차 해본 적이 없었다. 그러나 하나님께서 물 흐르듯 이끌어주심으로 어느 순간 나는 자연스럽게 그 무대에서 공연하며 지금은 '크로스오버의 디바'라는 별칭까지 얻었다.

나는 하나님이 이끌어주신 이 무대를 너무도 사랑한다. 그리고 그 속에서 하나님이 나에게 주신 사명을 하나씩 발견하고 있으며 나의 공연도, 나의 믿음도 한 발짝씩 성장해 가고 있다.

7. 음반 제작자로 데뷔

MBC 〈나는 가수다〉라는 프로가 있었다. 유명한 가수들이 자기 노래가 아닌 다른 가수들의 노래를 자신만의 스타일로 편곡해서 부르면 관객들이 등수를 매기는 경연 프로그램이었다. 당시 센세이션했던 프로그램이었던 만큼 나도 흥미롭게 그 프로를 보고 있었다. 그러던 중 '아! 나도 어려운 클래식 음악을 대중성 있게 편곡해서 부르면 좋겠다.

대중음악을 내 스타일로 클래시컬하게 편곡해서 부르면 좋겠다. 나만의 음악이 있으면 좋겠다'라는 생각이 문득 들었다.

그리고 얼마 뒤, 나는 대중음악 프로듀서를 만나 직접 음반제작을 하기 시작했다. 대중음악에는 아는 사람이 없었기에 뮤지컬 〈셜록 홈즈〉 캐스팅 이사님에게 연락을 드렸고, 이사님은 당시 오디션 프로그램에서 음악감독으로 활동했던 최영호 프로듀서를 소개시켜 주셨다. 오빠는 신앙심과 실력을 겸비한 프로듀서였다. 나와 영호오빠 그리고 모든 스텝은 영혼을 갈아넣어 작업했다고 말 할 정도로 열정을 쏟아 작업했고, 그렇게 해서 만들어진 음반이 나의 첫 앨범 〈신델라의 WITH YOU〉였다.

음반 녹음은 문제없이 진행됐지만, 이후 앨범 유통과 CD 실물 제작은 어떻게 해야 할지 막막했다. 앨범 성격이 대중성이 짙었기 때문에 클래식 음반사보다는 대중음악 음반사가 좋지 않을까 생각하던 찰나 CJ E&M에서 유통을 해주셨고, CJ E&M 실무자와 얘기를 하며 CD 만드는 회사를 소개받아 또 어렵지 않게 계속 작업이 이어졌다.

CD케이스 미팅 때는 앨범 커버를 어떤 종이로 어떤 사이즈로 할지 결정해야 하는데 선택은커녕 아무것도 모르는 나를 보며 담당자는 하나하나 친절히 가르쳐주었다. 덕분에 미팅 후 내 머릿속은 지식이 무에서 유가 창조된 것처럼 가득 차 있었다.

이를 토대로 나는 예원 때부터 베프였던 미혜와 상의를 했다. 미혜는 제목만 들어도 우리가 잘 아는 드라마와 영화, TV 프로그램의 무대 세트를 디자인 하는 유능한 무대 디자이너인데, 다른 작업으로 눈코 뜰 새 없이 바쁜 와중에도 내 앨범 커버를 디자인해줬다. 가장 마지막 작업인 앨범 디자인 시안까지 넘긴 후, 음반 실물이 나오기만을 손꼽아 기다렸다.

아무것도 모르고 오로지 '나만의 노래가 있으면 좋겠다'란 바램 하나로 음반을 만들기 시작한 나는 많은 사람의 도움으로 어느덧 최고의 스텝들과 최고의 회사와 협업한 음반 제작자가 되어 있었다. 이 앨범은 나 혼자의 작품이 아니라 모든 스텝이 다 같이 만든 작품임을 누구보다 잘 알기에 앨범 명을 〈WITH YOU〉라고 정했고, 앨범 크레딧에 그들의 사진을 한 컷씩 다 넣었을 뿐 아니라, thanks to에 그들의 이름을 한 명 한 명 부르며 감사의 마음을 전했다.

2013년에 발매된 내 첫 앨범은 큰 사랑을 받았고, 수록곡인 〈베사메무쵸〉와 〈Those were the days〉는 나의 시그니처 곡이 되어 방송국, 공연장에서 지금까지 열창을 하고 있다.

이걸 어떻게 설명할 수 있을까? 음반의 'ㅇ'자도 모르고, 심지어 누가 실력 좋은 스텝인지, 어디가 좋은 회사인지, 뭘 어떻게 해야 하는지조차 아무것도 몰랐던 내가, 다른 아티스트들이 부러워하며 대중들에게 사랑받는 음반을 제작하게 되다니.. '하나님의 도우심' 외에 어떤 말로 더 설명할 수 있을까!

8. 작사가 신델라

지평권 감독님께 전화가 왔다.

"델라야, MBC에서 고현정 주연의 드라마 〈여왕이 교실〉이 방영될 거야. 초등학교 담임 선생님과 학생들의 이야기를 담은 내용인데 거기 OST를 네가 불렀으면 좋겠어. 음악은 나왔는데 한 번 들어보고 네가 이탈리아 말로 직접 가사 써볼래?"

'한국말로 작사하는 것도 어려운데 이탈리아어로?!' 더욱이 귀국하고 몇 년 동안 이탈리아어를 사용할 일이 거의 없어 이미 낯설어진 언어로 가사를 쓴다는 건 너무 어려운 일일 것 같았다. 그렇지만 시간이 더 지나면 지금보다 이탈리아어를 더 잊어버리게 될 테니 '그 전에 한 번 써 보자'란 마음이 들었다.

드라마 내용이 담임 선생님과 아이들의 이야기라는 걸 베이스에 깔고 그려 보니 갑자기 '하나님과 나'라는 생각이 들었다. 나는 1초의 망설임도 없이 하나님에 대해 이탈리아 말로 가사를 쓰기 시작했다. 제목은 대중들이 잘 알고 있는 이탈리아어 〈Amore mio〉 '나의 사랑하는 님'이었고 거기에 부제를 붙였다. 부제는 〈La luce d'amore〉 '사랑의 빛' 이였다.

그랬다. 내가 사랑하는 님. 그 님은 바로 사랑의 빛이신 하나님이었다.

amore mio cosi caro!
사랑하는 나의 하나님, 얼마나 고귀한지요!
tesoro mio cosi bello!
보석 같은 나의 하나님, 얼마나 아름다운지요!
con te mi sento in pace
주님과 함께 있으면 저는 평화를 느낍니다.
papito ,in fiducia ,confortato, in felicita'
설렘, 굳센 믿음, 마음속의 편안함, 행복함
queste le cose che mi dai al cor mio profondo mi dai.
이 모든 것은 하나님이 저의 가슴 깊은 곳에 새겨준 것들입니다.

Potrei piangere, soffrire,
때론 울기도 하겠죠. 아프기도 하겠죠.

passare nel buio ma non ho paura piu'
삶의 어두운 부분을 지나가기도 하겠죠. 그렇지만 난 더 이상 두렵지 않습니다.
che intorno a me la luce d'amor
왜냐하면 사랑의 빛이 나를 감싸고 있기 때문입니다.
luminera' da te
그 빛은 하나님에게로부터 온 사랑의 빛입니다.

amore mio
사랑하는 나의 하나님

이 노래가 드라마에서 흘러나온 후 방송국에 많은 문의 전화가 왔었다고 한다.

"이 노래 제목이 뭔가요?"
"이 곡을 누가 불렀나요?"
"가곡 같은데 이 곡이 어느 나라 곡인가요?"

가끔 생각한다. '나는 왜 그렇게 힘들게 이탈리아에서 공부를 했을까? 혹시 이 곡 작사를 위해 하나님이 나를 2년 반 동안 이탈리아로 보내셔서 그렇게 치열하게 공부하게끔 하신 건 아니었을까?'

대중은 이 노래를 사랑 노래로 알고 있겠지만, 사실은 이탈리아 말로 하나님께 드리는 나의 고백이자 동시에 대중에게 하나님을 전하는 가사였다. 'La luce d'amore' 하나님은 '사랑의 빛'이십니다!!

내가 작사한 또 다른 곡이 있다. 바로 내 싱글앨범으로 발매된 곡 〈네가 있음에〉이다.

코로나를 지나던 시절 모든 공연이 닫혀서 아무 일도 할 수 없었을 때, 그동안 바쁜 스케줄로 잘 만나지 못했던 친한 사람들을 만나며 의미 있는 시간을 보내고 있었다. 오랜만에 지평권 감독님도 만났다. 스튜디오 식구들 모두 반갑게 맞아주면서 그동안 못다한 얘기들을 나눴다.

음악가들이 만나면 세상 살아가는 얘기 하다가도 결국은 음악 얘기로 돌아오게 되는데.. 그렇게 놀다가 흥얼거리면서 음악이 하나 뚝딱 만들어졌다. 그 노래가 바로 〈네가 있음에〉였다. 아름다운 선율에 한 번 들으면 계속 멜로디가 뇌리에 잔상처럼 남아있는 그런 곡이었다. 나는 집에 오자마자 바로 가사를 썼다.

길을 걷다 문득 웃음이 나
나를 사랑하는 니가 있음에
지쳐있던 나의 삶에 다가와

잊고 있던 설렘을 주는 너

거울 보다 문득 웃음이 나
나의 곁에 니가 함께 있음에
쓸쓸한 나의 모습이 너의 사랑에 물든 것 같아
긴 시간이 흐른 후 닮아있을 우리가
보고픈 맘으로 기다려져
수많은 연인 중에 우리가 제일
행복해 보인 건 나만의 착각인 걸까

그대가 곁에 있음에

(2절은 생략)

사랑에 빠진 행복한 연인이 함께하는 미래를 꿈꾸며 설렘 가득한 사랑 고백을 가사로 담았다. 프로듀서인 지평권 감독님께 이 앨범을 조금 색다르게 만들고 싶다고 말씀드렸다. 사랑 노래인 만큼 하나의 버전은 남녀 듀엣으로 서로의 마음을 전하는 느낌으로, 또 다른 버전은 기타 반주 하나로 연인을 앞에 두고 담담하고 진솔하게 마음을 고백하는 느낌으로 즉, 같은 멜로디 같은 가사이지만 전혀 다른 느낌의 두 곡이 담긴 싱글앨범으로 만들고 싶었다.

기타 버전은 당연히 함춘호 선생님께 부탁을 드렸다. 선생님 역시 망설임 없이 "당연히 같이해야지!"라고 대답해 주시는데, 오랜 시간을 함께한 선생님과 나의 신뢰가 닿는 것 같은 느낌이었다.

그렇게 감독님의 프로듀싱으로 선생님과 나는 녹음을 시작했다. 순간 스튜디오 유리에 비치는 우리 세 사람 모습이 처음 만났을 때처럼 겹쳐 보이는 듯했다. 나와 선생님은 스튜디오 녹음이 아닌 마치 무대 위에서 공연하듯, 아름다운 선생님의 기타 선율에 내 목소리를 얹으며 둘이 동시에 라이브로 끊지 않고 쭉~ 연속해서 노래를 몇 번 불렀다. 녹음이 끝나자 감독님은 마치 '스튜디오 공연'을 보는 것 같았다며 우리 두 사람의 호흡이 예술이라고, 프로듀싱 할 게 없다며 박수쳐 주셨다. 그렇게 〈네가 있음에〉 기타 버전은 속전속결로 완성됐다.

이제 듀엣 버전을 작업해야 했다. 기타 버전은 오로지 기타와 내 목소리만으로 이루어졌다면 듀엣은 오케스트라 반주를 깔아 약간 세미 클래식 같은 느낌으로 편곡했다. 반주 녹음은 일사천리로 끝났다. 이제 제일 중요한 선택, 남자 싱어만이 남겨져 있었다. 듀엣은 두 사람의 음색부터 감성, 스타일 등 여러 가지가 맞아야 하기에 어떻게 보면 가장 신중하게 생각해야 하는 부분이 남자 싱어 캐스팅이었다. 그러나 나는 깊게 고심할 필요가 없었다. 왜냐하면, 이 노래와 내 목소리에 잘 어울리는 딱 한사람이 머릿속에 있었기 때문이다. 바로 국민 사위로 불리는 국민 배우 '유준상' 씨였다.

뮤지컬 〈위대한 쇼맨〉에 캐스팅되고 배우들과 스텝들이 모여 첫인사를 나누는 상견례 시간이 있었다. 충무아트센터 연습실에 한 명, 두 명 도착한 배우들은 서로 반갑게 인사를 나눴다. 마치 내가 클래식 공연에 가면 연주자들과 반갑게 인사를 나누듯 그들도 서로 친하게 맞이했다.

그러나 나는 그곳에 아는 사람이 단 한 명도 없었다. 그렇게 혼자 있었던 나에게 누군가 반갑게 인사를 건네주었다.

"네가 델라구나?! 반가워! 나 유준상이야!"

준상오빠와의 첫 만남이었다. 사실 함께 한 배우들 모두 뮤지컬계에서 엄청 유명한 배우들이었다. 그러나 뮤지컬에 대해 전혀 몰랐던 나는 처음 캐스팅보드를 받았을 때 유일하게 알고 있는 배우가 바로 주인공 '위대한 쇼맨' 역의 유준상 배우였다. 화면이랑 똑같이 생긴 오빠가 웃으며 반갑게 인사를 하는데 너무 친근하면서도 고마웠다.

나중에 알게 된 사실인데 나를 뮤지컬에 적극 추천한 사람이 음악감독인 이성준 감독이었다. 성준이는 뮤지컬 〈프랑켄슈타인〉, 〈벤허〉의 작곡가이자 음악감독으로 뮤지컬 쪽에서 가장 핫한 음악감독이자, 기타를 전공한 내 고등학교, 대학교 후배다. 성준이는 내가 고등학교 때 노래하는 모습을 보면서 '언젠가 저 선배랑 꼭 공연해야지!'라고 마음먹었다고 한다. 그리고 〈위대한 쇼맨〉의 음악 감독을 맡으면서 정말 노래 잘하는 성악가가 있다며 적극적으로 나를 추천했고, 이후 뮤지컬 〈셜록 홈즈〉의 연출님까지 나를 실력과 인성이 뛰어난 성악가라고 추천해 주시면서 제작사에서 나를 캐스팅하게 됐다고 들었다.

그렇게 졸업 후 처음 만나 낯선 듯, 낯익은 성준이를 통해 스웨덴에서 온 꾀꼬리 성악가, '제니린드' 역을 맡게 되었다.

쇼맨과 꾀꼬리로 만난 준상오빠와 나는 충무아트센터를 가득 채운 관객들에게 매회 박수갈채를 받았고, 공연을 마치면 바로 연기와 노래에 대해 같이 복기를 하며 회를 거듭할수록 멋진 공연을 만들어 갔다. 그것이 인연이 되어 뮤지컬이 끝난 이후에도 서로의 공연이 있으면 브라보를 외쳐주며 응원하는 든든한 지원군이 되었다.

그리고 난 준상오빠 앨범 〈in Africa〉 수록곡 중 오빠가 작사, 작곡하고 성준이가 편곡한 〈넌 그곳의 소년, 난 이곳의 친구〉 이 곡을 녹음을 했고, 스케치 촬영에 참여했다. 그리고 오빠는 내 싱글앨범 〈네가 있음에〉 듀엣 버전을 감미로운 목소리로 녹음해줬고, 뮤직비디오 촬영까지 함께해 줬다. '의리'라고 표현하기에 부족할 만큼 고마운 준상오빠, 함춘호 선생님 그리고 지평권 감독님은 나에게 선물 같은 음반을 만들어줬고, 작사가 신델라를 빛나게 만들어줬다.

9. 신델라의 WITH YOU 그리고 나의 TEAM 델라벨라

나는 그 흔한 귀국독창회도 안 했다. 보통 유학을 마치고 한국에 오면 귀국독창회를 통해 음악계에 첫 인사를 하며 자신이 귀국했음을 알린다. 그러나 나는 귀국독창회 없이 하나님의 은혜로 좋은 무대에 초대를 받아 공연을 시작할 수 있었고, 계속된 공연 스케줄에 눈코 뜰 새 없이 바쁘게 활동을 이어갔다.

오페라, 뮤지컬, 단독콘서트, 갈라콘서트 등 다양한 무대에서 활동하고 있던 어느 날, 한 신문사에서 전화가 왔다. '한 달에 한 번씩 부산 시민들을 위해 영화의전당에서 공연을 하는데 다음 달 공연에 나를 초대하고 싶고, 특별히 내 단독으로 꾸며줬으면 좋겠다'는 거였다. 그동안 대기업 VIP를 모셔놓고 프라이빗 콘서트를 단독으로 꾸민 적은 여러 번 있었지만, 영화의전당처럼 큰 극장에 내 이름을 걸고 하는 공연은 처음이라 전화를 끊자마자 가슴이 쿵쾅거리면서 마구 설렜다.

'콘서트 제목은 뭐라고 할까?'
'어떤 곡들을 하면 좋을까?'

이미 내 머릿속은 공연 구상으로 꽉 차 있었다. '관객들에게 어떻게 하면 더 좋은 무대를 선보일 수 있을까?' 생각하다 보니 갑자기 '사운드가 풍성해지면 더 다채로운 무대가 펼쳐지지 않을까?'란 생각이 들었다. 그리고 엘렉톤 연주자인 주연 선생님에게 전화를 걸었다. 엘렉톤은 한 악기에서 여러 가지 소리가 나는 악기로 나는 김주연 선생님과 많은 공연을 함께 하고 있었다.

"쌤~~ 나 단독콘서트를 해야 하는데 우리 같이 해야죠. 근데 엘렉톤이랑 피아노 두 대로 지난번에 공연했잖아요. 혹시 드럼, 베이스, 기타 같은 악기들도 함께해서 밴드로 하면 사운드가 훨씬 풍성해질까요?"

"너무 좋죠! 그러면 엘렉톤과 피아노 둘이 하는 것보다 사운드가 훨씬 더 풍성해질 거예요!"

"그러면 쌤이 우리 밴드 마스터를 맡아주세요"

관객들에게 더 좋은 무대를 선사할 수 있다는 기쁨 하나만 가지고 밴드가 뭔지도 잘 모르는 내가 또 겁 없이 밴드를 결성하기 시작했다. 당시 나는 서울 신학대학교 실용음악학과 학과장으로 계셨던 함춘호 선생님의 요청으로 실용음악과에서 학생들을 가르치고 있었는데 평소 나를 잘 따르던 학생 중 드럼, 기타, 베이스 주자를 선발했고, 엘렉톤, 피아노 그리고 바이올린까지 총 6인조의 밴드를 결성해서 합주에 들어갔다.

밴드 이름은 어떤 것으로 하면 좋을까 생각하다 불현듯 대학교 시절이 떠올랐다. 동기들과 음대 컴퓨터실 작은 방을 통으로 장악(?)하고 단체로 메일을 만들고 있었는데 그때 내가 "내 메일주소는 뭐라고 할까?" 했더니 동기들이 "델라벨라 어때? 딱이네! 델라벨라!" 라며 메일 주소를 지어주었다. 벨라는 이탈리아 말로 '아름다운'이란 뜻으로 델라벨라는 '아름다운 델라'란 뜻인데 사실 나는 뜻보다 라임이 너무 재밌게 다가왔다. 그렇게 대학교 1학년 시절 내 동기들이 지어준 델라벨라가 'Team 델라벨라'의 시작이었다.

'밴드 이름은 델라벨라 밴드로 정해졌으니 이제 공연 타이틀을 뭐로 정할까?'라며 한껏 들떠있었다.

'내 공연은 관객과 음악으로 소통하고 공감을 나누는 공연이었으면 좋겠는데.. 나 혼자 공연하는 것이 아니라 관객과 함께, 우리 델라벨라와 함께..'

그러다 보니 자연스럽게 이 단어가 떠올랐다. 'WITH YOU'

그렇게 내 단독콘서트의 타이틀은 '신델라 콘서트'가 아닌 '신델라의 WITH YOU'로 나 혼자가 아닌 모두가 함께 즐기는 공연〈WITH YOU〉로 타이틀이 완성되었다.

하고 싶은 게 많았던 나는 직접 공연 연출을 맡아 음향, 조명, 영상 감독님들과 소통을 했고, 밴드를 진두지휘하며 노래까지 불렀다. 노래 외 모든 것이 처음이었던 내가 만든 나의 첫 공연은 너무도 성공적으로 끝났다. 신문사 공연 실무자는 매년 '신델라의 WITH YOU'를 하자고 제안을 했고, 그 약속이 지켜져 그 해와 그 다음 해, 그 다다음 해.. 5번에 걸쳐 초대를 받았다.

이후 서울, 경기, 부산, 광주, 대구 등 전국 유명 극장에서뿐 아니라, 대기업과 금융권에 초대를 받으며 '신델라의 WITH YOU'는 수많은 관객과 음악으로 공감을 나누고 소통하며 관객들이 때로는 울고, 때로는 웃으며 큰 사랑과 지지를 보내주고 있다.

TEAM 델라벨라에는 밴드만 있는 것이 아니라 〈델라벨라 싱어즈〉도 있다. 국내 최고 쇼핑 테마파크인 ○○ 필드에서 12월 크리스마스를 맞이해 공연을 준비하는데 내 공연을 하고 싶다고 연락이 왔다. 콘서트홀과 달리 오픈된 공간에서 불특정 다수와 공연을 한다는 것이 매력적으로 다가왔고, 나는 어떤 형식의 공연을 하면 좋을까? 신나는 마음으로 구상하기 시작했다.

쇼핑 테마파크는 오픈된 공간으로 특성상 공연장처럼 집중해서 음악을 들을 수가 없을 뿐 아니라 관객들도 유동적이기 때문에 'WITH YOU'의 정적인 포맷보다는 역동적인 콘텐츠가 더 어울릴 것 같았다.

그리고 관객이 음악을 들으러 오신 분들이 아니라 쇼핑을 하러 왔다가 우연히 공연을 보시는 분들이기에 공연이 친근하게 다가가면 좋겠다는 생각이 들었다. 그렇게 해서 나온 콘텐츠가 〈신델라의 오페라 & 세상의 모든 음악〉이었다.

유명한 오페라 아리아를 들려주는데 노래 사이 사이에 대사를 넣어 재밌는 극을 만들어 역동적으로 끌고 가는 공연이었다. 대본도 내가 직접 쓰고, 노래도 고르고, 동선도 짜고 그야말로 노래뿐 아니라 연출, 대본, 기획까지 다 내가 만들어야 하는 공연이었다. 극을 위해서는 나 말고 다른 성악가들이 필요했다. 그때 우리 동기들이 생각이 났고, 이 공연에서 캐스팅된 서울대 출신 남자 성악가들…그들이 바로 〈델라벨라싱어즈〉의 시작이다.

우리는 대본 연습에 노래 연습까지, 심지어 리허설을 위해 공연 하루 전날 쇼핑몰 문 닫은 후 음향 체크뿐 아니라 에스컬레이터에서 상점을 지나 무대로 오는 동선까지 꼼꼼히 체크 하며 열심히 준비했다. 그리고 크리스마스 이브 날, 우리 공연이 시작되자 공연을 보기 위해 관객들이 모여들기 시작하는데 관객들은 1층~ 3층까지 인산인해를 이루며 50분 동안 자리를 떠나지 않고 가득 채워주셨다.

너무 많은 사람이 모여 사고 위험이 있을까 봐 에스컬레이터까지 통제하며 공연은 진행 되었고, 지금까지 공연 중 가장 많은 관객이 모인 공연이었다며 관계자들은 만족감 가득한 인사를 전해주셨고, 나 역시 덕분에 멋진 컨텐츠를 만들 수 있었다며 감사 인사를 전했다.

그리고 지금까지 매년 크리스마스가 되면 〈신델라와 친구들〉이란 타이틀로 최고의 쇼핑 테마파크 ○○필드와 함께하고 있다.

크리스마스 하면 생각나는 기업이 또 하나 있다. 한국 토종 커피의 자존심이자 국내 최대 커피 프렌차이즈의 ○○○ 커피다. 크리스마스 이브와 크리스마스 날, 본사 ○○○ LAB에서 내 공연을 해달라는 연락이 왔다. 이곳 커피와 베이커리를 좋아해 평소 자주 갔던 곳인데 여기서 내 친구들 델라벨라와 함께 공연을 하다니.. 왠지 이 곳에선 공연이라기 보다는 마치 음악으로 수다를 떨어야 할 것만 같았다. 그렇게 잡힌 공연 컨셉이 바로 '음악으로 수다를 떨다'였다.

크리스마스 공연인 만큼 남자 연주자들은 싼타클로스 의상을 입고, 여자 연주자들은 트리 머리띠를 쓰며 파티 같은 분위기를 연출했다. 파티에 빠질 수 없는 것 중 하나가 '선물'인데, 나는 공연 중간중간 이벤트를 통해 ○○○ 커피에서 준비한 선물을 손님들에게 선사했다.

그중 기억에 남는 일화는 "오늘 오신 손님 중 가장 멀리서 오신 분에게 선물을 드릴께요."라고 말씀드렸더니 "일산" "천안" 급기야 "목포"까지 나왔다. 목포를 대적할 분이 없을 것 같아 목포에서 오신 분에게 선물을 증정하려고 하는 순간.. 저 멀리서 손을 번쩍 들며 큰 소리로 "캐나다"를 외치는 것이 아닌가!!

　우리 모두 웃음바다가 되면서 결국 선물은 캐나다에서 오신 손님에게로 갔다. 이 광경을 보고 계셨던 회장님이 '목포에서 오신 손님에게도 선물을 전달해 주라'고 하셔서 직원분이 조용히 전달해 주셨다는 미담까지..

　그야말로 크리스마스에 사랑하는 사람들과 커피를 마시며 음악으로 수다를 떠는듯한, 웃음과 선물이 넘치는 공연이었다.

　내 친구들이자 소중한 TEAM 델라벨라 밴드와 싱어즈는 KBS〈열린음악회〉,〈콘서트7080〉등 방송뿐 아니라, 예술의 전당, 국립극장, 국립아시아문화전당, 영화의전당, BEXCO, 문화예술회관 그리고 수많은 대기업과 금융권의 초대를 받으며 국내 뿐 아니라 해외 공연까지 나와 함께 하고 있다.

　또한, 나와 델라벨라밴드는 대한민국음악대상 크로스오버부문 '대상'을 받았다. 당시 전체 대상에 나의 은사님이신 테너 박인수 교수님이 선정되시면서 그해 은사님과 함께 수상하는 영광을 맛보았다.

　아무것도 몰라 어떤 계획도 세울 수 없었던 내가 큰 무대에 초대를 받아 큰 공연들을 펼치고 있는 것만으로도 너무 신기한데, 나를 더 놀라게 만드는 사실은 훗날 세상에서의 내 단독콘서트가 교회에서 펼쳐지는 내 찬양콘서트로 자연스럽게 흘러간다는 것이다. 하나님의 계획하심으로 밖에서 훈련받아 안으로 들어가는 나와 TAEM 델라벨라… 우리를 쓰시고자 하는 하나님의 섭리는 과연 어떤 것일까!

6부

1. 인도하심, 가랑비 옷 젖듯이
2. 찬송으로 드리는 고백
3. 섬세하신 하나님
4. 세상에서 훈련받아 안으로 들어가다
5. 만남의 축복
6. 너는 날 위해 무엇을 했니
7. 찬양콘서트, 국립극장에 서다
8. 따뜻한 음악을 세상에 나누다

1. 인도하심, 가랑비 옷 젖듯이

'하나님께서 우리를 돌보실 때 각 사람에게 맞는 방법으로 인도하신다'는 이 말은 정말 맞는 것 같다. 나를 나보다 더 잘 아시는 주님은 내가 주님의 일을 감당할 수 있도록 내 성격에 맞춰 너무도 섬세하게 나를 인도해주셨다.

찬송가 앨범을 내고, 찬양콘서트를 하며, 부활절, 크리스마스 등 기독교 방송 큰 행사에 출연해 찬양을 부르고 심지어 감사 고백서를 쓰고 있을 만큼 지금은 적극적으로 크리스천 성악가로서 활동하고 있지만 사실 나는 처음부터 이렇게 적극적인 모습은 아니었다. 오히려 기독교 방송이나 교회에서 섭외 연락이 오면 "죄송합니다!"라고 거절하기 일쑤였다.

나는 어렸을 때부터 늘 하나님이 좋았고, 기독교인이라는 것이 가장 큰 축복이라고 생각했다. 하지만 성인이 되면서 간증하는 강사님의 삶과 간증에 괴리감이 있다는 얘기를 주변에서 간혹 들을 때면 간증에 대한 조심스러움이 크게 다가왔다. 가끔 기독교를 안 좋은 시각으로 바라보는 사회적 분위기가 조성될 때면 마음이 너무 아팠고, 크리스천으로서 더 바르게 살아야겠다고 생각했다.

교회와 기독교 단체에서 찬양을 해달라고 연락이 올 때마다 '나 역시 완벽하지 않은 부족함이 많은 사람이고, 사람들은 저마다 다른 관점으로 세상을 바라보고 판단하기에 혹시라도 나의 부족함으로 인해 하나님을 욕되게 하진 않을까' 하는 걱정이 앞섰다. 그래서 간증이 너무 조심스러웠고, 대외적으로 크리스천 성악가로서 적극적으로 활동하기가 심적으로 어려웠었다.

'마치 부모님의 이름과 명예가 나로 인해 실추되면 안 되지..' 걱정하는 자식처럼 내가 그랬었다. 하지만 놀랍게도 하나님은 이런 나를 꾸짖지 않으셨고 나에게 실망하지 않으셨다. 오히려 내 마음을 알아주셨고 기다려주셨다. 마치 나의 부담감을 안아주시듯 내 성격에 맞춰 가랑비 옷 젖듯 나를 사역의 자리로 아주 조금씩 각도를 틀어가며 긴 시간에 걸쳐 인도해주셨다. 그리고 일과 사역의 균형 잡는 법도 자연스럽게 가르쳐 주셨다.

2. 찬송으로 드리는 고백

코로나가 발생하기 바로 1년 전 2019년, 내방 침대에 누워 뒹굴뒹굴하며 "하나님 감사해요~ 감사해요!" 혼자 말을 하고 있었다. 누구 한 사람 알지 못하고 아무것도 없었던 내가 여기까지 올 수 있음은 하나님의 은혜라는 걸 그 누구보다 잘 알기에 그저 '감사해요'라고 하나님께 전하고 있었다. 그러다 문득 고마운 사람에게 감사함을 전할 때 선물을 드리듯 나도 하나님께 선물을 드리고 싶었다.

'무슨 선물을 드리면 좋을까?' 고민하다 '내가 하나님께 받은 큰 선물인 목소리.. 바로 노래! 찬양 음반을 만들어 선물로 드리면 좋겠다'란 생각이 들었다. 요즘은 대부분 음원을 다운받아 mp3로 듣기 때문에 CD가 잘 팔리지 않는다는 건 잘 알고 있었지만, 앨범으로 수익을 내는 것이 목적이 아니었기 때문에 찬양 앨범을 직접 제작을 하는 것에 대해 한 치의 망설임이 없었다. 오히려 바로 구상에 들어갔다. 몇 년 전, 앨범 'WITH YOU'를 제작할 때 만해도 아무것도 모르는 초보 제작자였지만 그 앨범을 제작하면서 최고의 실무진들을 만날 수 있었고, 어느덧 나는 베테랑 제작자가 되어있었다.

하나님께 드리는 선물인 만큼 주님에 대한 내 마음이 앨범에 고스란히 담겨지길 바랬다. '평소 모든 노래를 내 스타일로 편곡해서 공연하듯 찬양도 내 스타일로 편곡해서 남녀노소 누구나 편안하게 들을 수 있도록 담아야겠다' 마음먹었다.

또한, 음반의 수익금 일부는 헌금으로 바치고 싶었는데, 저 낯선 타국에서 하나님 한 분만을 바라보며 선교하시는 선교사님들이 생각이 나면서, '선교헌금으로 바쳐야지' 결심했다. 선교사님들의 시간은 한국을 떠난 그 시점에 머물러 있다는 얘기를 들었다. 80년대에 떠나신 분은 80년대에, 2000년대에 떠나신 분은 2000년대에 머물러 계신다고 들었기에 그분들에게는 CCM보다는 찬송가가 더 익숙하겠다는 생각이 들어 수록곡은 모두 찬송가로만 선택했다. 그렇게 완성된 앨범이 바로 〈신델라의 찬송으로 드리는 고백〉이다.

앨범에는 내가 어린 시절 좋아했던 〈나의 사랑하는 책〉, 〈선한 목자 되신 우리 주〉, 우리 할머니, 할아버지가 좋아했던 장로님, 권사님들의 애창곡 〈태산을 넘어 험곡에 가도〉, 〈지금까지 지내온 것〉 등 전 세대가 함께 들을 수 있는 찬송가 8곡을 담았다. 그리고 화려한 음악이 아닌 오로지 하나님에 대한 나의 마음을 목소리로 표현하고 싶어 밴드와 오케스트라의 반주 대신 피아노와 바이올린으로 심플하게 구성해 최대한 하나님이 주신 내 목소리가 잘 드러날 수 있게 편곡을 했다.

"델라 네가 부르면 무조건이지. 함께할 수 있어 영광이야"라며 한걸음에 달려와 준 든든한 내 친구이자 델라벨라 피아니스트인 성은이와 같이 편곡을 했다. 우리는 편곡을 하기 전 늘 기도로 시작했다. 그리고 마치 똑같이 대답겠다고 약속이라도 한 듯 "언니가 부르면 무조건이죠. 영광이에요"라며 리나가 바이올린을 연주했다.

나의 고백이 담긴 앨범인 만큼 프로듀싱도 내가 맡았다. 꾸밈이 아닌 고백인 만큼 일반 녹음처럼 마디마디 끊어가며 녹음하는 것이 아니라 기도하듯 원테이크로 몇 번 녹음해서 좋은 버전을 선택했다. 숨

소리도 보정 없이 그대로 담을 정도로 믹스도 최소한으로 진행하며 하나님에 대한 마음을 순수하게 담고자 했다.

그렇게 2019년 4곡을 먼저 녹음을 했다. 이후 남은 4곡을 녹음해야 하는데 당시 너무 많은 공연 스케줄로 도저히 녹음 일정을 잡을 수가 없었다. 그리고.. 2020년 갑작스럽게 코로나가 터지면서 모든 공연이 멈췄고 그때 나는 남은 4곡을 녹음할 수 있었다.

앨범 유통을 위해 클래식 음악의 독보적인 존재인 유니버설 뮤직에 연락을 했다. 나는 성악가 이지만, 앨범은 클래식이 아닌 찬송이라는 종교 앨범이기에 과연 유니버설에서 유통을 맡아 줄까.. 고민하며 연락을 드렸다. 그런데 앨범 작업에 참여한 모든 분이 마치 약속이라도 한 듯 유니버설에서도 "선생님이 하시면 당연히 저희가 해야죠"라며 찬송가 앨범인데도 불구하고 흔쾌히 유통을 맡아주셨다. 그리고 놀랍게도 타이틀곡인 〈지금까지 지내온 것〉의 뮤직비디오는 전 세계 클래식 인들의 사랑을 받는 유니버설 뮤직 공식 유튜브 채널에 올라가게 됐다.

2020년 6월, 나의 고백이 담긴 앨범 〈찬송으로 드리는 고백〉은 하나님께 드리는 선물로 세상에 나오게 되었다. 그리고 앨범 발매 며칠 후 "선생님~ 음반이 생각보다 잘 나가요"라며 유니버설 담당자가 소식을 전해왔다. 엄청나게 많이 팔렸다기보다는 음반 시장이 어려운 만큼 나조차도 앨범 판매를 기대하지 못했는데.. 암 수술을 앞둔 선교사님에게 수술비로, 첫 선교지로 떠나는 선교사님의 후원금으로, CTS, 극동방송 등 기독교 방송의 후원금으로 각양각색의 모양으로 음반 수익금이 쓰임 받으면서 하나님께 선교헌금으로 바치겠다는 약속을 꽤나 그럴듯하게(?) 지키게 됐다.

뿐만 아니라, 모든 활동이 막혀있었던 코로나 시절이었음에도 찬양 앨범 덕분에 기독교 방송에 출연하고, 언론 인터뷰를 하며 쉼 없이 활동할 수 있었다. 앨범이 좋다는 피디님들의 칭찬 속에 내 찬양은 계속 방송에 흘러나왔고 급기야 여러 교회에서 찬양 단독콘서트를 해달라는 초청이 들어왔다. 12월이 되면 예수님의 탄생을 축하하기 위해 서울 시청광장에서 〈CTS 성탄 트리 점등식〉을 크고 화려하게 하는데 CTS 최현탁 사장님의 추천으로 그 무대에서 'O HOLY NIGHT (오 거룩한 밤)'을 부르며 마치 동방박사처럼 예수님께 축하와 경배를 드리는 감격을 맛볼 수 있었다.

부활절이 되면 광화문 광장에서 차량 통제까지 하며 엄청난 규모로 〈CTS 부활절 퍼레이드〉를 하는데 예수님의 부활, 승천하심을 온 세상에 전하듯 그 큰 광장에서 기쁨의 무대를 펼쳤다. 또한, 극동방송의 김장환 목사님의 추천으로 극동방송의 여러 공연에 목사님과 함께 출연할 수 있었고, 극동방송의 가장 큰 행사 중 하나인 〈가을음악회〉에 출연해 찬양을 부름으로써 롯데콘서트홀을 가득 채운 관객들의 함성과 박수를 온전히 하나님께 올려드렸다.

그리고 CTS "내가 매일 기쁘게"에 출연한 나를 보고 장로님 한 분이 "간증에 은혜를 많이 받았어요. 혹시 축복받은 이야기를 책으로 내 보면 어떨까요?"라는 제안을 하셨다. 생각지도 못했던 제안에 나는 놀라면서도 "글은 잘 못 쓰지만 한번 써볼게요"라고 대답하며 내 인생 첫 책, 감사 고백서까지 이어졌다.

찬양 앨범은 내가 세상의 딸이 아닌 하나님의 딸임이 자연스럽게 드러날 수 있게 해줬으며, 주님의 일에 헌신할 수 있는 모멘텀을 가져다주었다.

3. 섬세하신 하나님

하루에도 몇 번씩 방송에서 흘러나오는 내 찬양 앨범은 점점 유명해지기 시작했고, 앨범 발매 후 한 달 만에 2집은 언제 나오냐며 방송국에서 기다릴 정도로 많은 사랑을 받았다.

부활절, 크리스마스 등 기독교의 큰 행사에 초대될 때에도 더 이상 거절이 아닌 기쁨으로 참여하게 되었고, 교회에서도 찬양 단독콘서트를 해달라는 요청이 들어오기 시작했다. 너무 신기한 건 내가 어려워하는 단어 '간증'을 해달라는 요청 대신 내 마음이 설레는 말 '콘서트를 해달라'는 거였다.

'찬양콘서트'라는 단어 자체가 신선함으로 다가왔고 또 하나의 새로운 프로젝트에 그저 신이 났다. 세상에서 단독콘서트를 워낙 많이 하기에 내 콘서트를 모티브로 해서 '나만의 스타일'인 '찬양콘서트'를 만들기로 했다.

그래서일까? 많은 분이 내 찬양콘서트는 일반 찬양콘서트와는 다른 특별함을 갖고 있다고 말씀해주신다. 과장하는 것도, 부자연스러운 것도 싫어하기에 〈WITH YOU〉처럼 내 이야기를 자연스럽게 들려주며, 관객과 소통하는 '찬양콘서트'를 만들었다. 내 이야기에는 드라마틱한 고난도 역경도 없다. 그래서 나는 내 이야기를 소소하게 들려주는 것이지 간증이라고는 전혀 생각하지 못했다. 간증이라고 하면 뭔가 하나님을 특별하게 만나 회개와 구원의 역사가 일어나고, 병이 낫고, 감탄사가 저절로 나올 정도의 다이나믹한 삶 속에서 하나님을 만난 이야기가 간증이라고 생각했었기 때문이다.

간증이 아닌 마치 내 가족을 소개하듯 하나님을 소개하면서 찬양을 나누는 토크 콘서트 같은 느낌으로 연출, 기획, 구성 그리고 노래까지 직접 맡아서 진행했다.

그렇게 첫 연습을 델라벨라 밴드와 하는데 갑자기 멤버 한 명이 우

는 거였다. 나는 너무 놀라서 "너 울어?? 왜 울어? 응? 응??" 물었더니

"언니 목소리에 너무 은혜받아서요"라는 거였다.

'반주하면서 내 노래를 제일 많이 듣는 델라벨라 멤버가 내 목소리에 은혜를 받아서 울다니!' 조금 낯설고, 신기하고, 이상하기도 했다. "내 목소리 맨날 들으면서 뭘 새삼스레.. 너 연습하다 틀려서 내가 뭐라고 혼내니까 서러워서 우는 거 아냐?" 웃으며 장난치듯 넘어갔다. 그리고 그 다음 연습 때 또 다른 멤버가, 또 다른 멤버가.. 그 울음은 내 찬양콘서트 관객들에게까지 이어졌다.

나는 〈WITH YOU〉처럼 관객들에게 밝고 행복함을 전하고 싶었는데 자꾸 성도님들이 우셔서 처음에는 어떻게 해야 할지 몰라 "저는 엄청 밝은 사람인데요.. 자꾸 성도님들이 우셔서 훌쩍훌쩍한 소리가 들리니까 어떻게 해야 할지 모르겠어요" 라며 말하자 다 같이 크게 웃음이 터졌던 기억이 난다.

공연 후 음반 싸인회에서 성도님들이 "은혜받았어요", "찬양이 감동이예요", "간증에 은혜 받았어요"라고 말씀하시는데.. '간증? 간증이라고?' 깜짝 놀란 나는 그때 내 이야기가 간증이라는 걸 처음 깨닫게 되었다. '간증인 줄 알았으면 절대 하지 못할텐데..' 나보다 나를 더 잘 아시는 우리 하나님은 나를 그렇게 찬양콘서트의 자리로 인도해 가

셨다.

그리고 내 찬양콘서트에서 울고 웃으며 각양각색의 모습으로 살아 계신 하나님을 만나는 성도님들의 모습을 보면서 나의 소명은 가랑비 옷 젖듯 내 안에 스며들기 시작했다.

4. 세상에서 훈련받아 안으로 들어가다

찬양콘서트의 은혜가 소문이 나면서 여러 교회에서 섭외가 들어왔다. 한참 찬양콘서트를 하고 있는데 교회에서 또 다른 요청이 들어왔다. 바로 '새 신자 전도초청 단독콘서트'였다.

'새 신자를 위한 전도초청 콘서트'라는 새로운 컨셉의 공연을 한다는 것이 설레임으로 다가왔다. 교회에 처음 나오는 분들에게 교회는 딱딱하게 경직된 낯선 곳이 아니라 재밌고, 따뜻한 곳이며, 하나님은 살아계시고, 힘한 세상 살아가는 우리에게 기도가 얼마나 중요한지 꼭 알려주고 싶었다. '어떻게 하면 공연을 통해 새로 오신 분들에게 이 귀한 사실을 전해드릴 수 있을까?' 고민하기 시작했다.
나는 오랜전부터 대기업과 금융권, 극장 등에서 높은 게런티와 고퀄러티의 무대 시스템을 지원받으며, 단독콘서트를 수없이 했었고,

이를 통해 세상 사람들과 공연으로 소통하고 공감을 나누는 일은 어느덧 제일 잘하는 일이 되었다.

그리고 나에게는 특별한 은사가 하나 있었다. 바로 세상 노래를 은혜롭게 부르는 은사다. 예전에 KBS 빅쇼에서 가수 조영남 선생님과 듀엣으로 '그대 그리고 나'를 불렀는데 오케스트라 리허설 때 노래가 다 끝나자 조영남 선생님이 "아-멘" 하는 것이었다. 이에 오케스트라 단원들 모두 빵 터져 크게 웃었다. 조영남 선생님은 큰 소리로 "델라야~ 너는 세상 노래를 은혜롭게 부르는 재주가 있다"라고 말씀하셨는데.. 그 은사는 전도초청 콘서트에서 한껏 발휘됐다.

비록 교회는 세상의 부대처럼 크고, 화려하진 않지만.. 게런티, 음향, 조명 등 모든 컨디션이 세상 공연에 훨씬 못 미치지만, 나는 '교회에 처음 오신 분들에게 하나님을 전하고 그분들이 교회에 많이 등록했음 좋겠다'란 그 바람 하나만 갖고 기도하며 새 신자 전도초청 콘서트를 만들기 시작했다. 타이틀은 교회에서 〈행복 콘서트〉, 〈크리스마스 콘서트〉, 〈이웃사랑 콘서트〉 심지어 〈WITH YOU〉 까지 다양한 타이들로 붙여주셨다.

그런데 놀라운 일이 벌어졌다.
새 신자 초청자가 88명이었던 교회에서는 그날 70명이 결신하는 일이 일어났고 120명이었던 교회에선 80명 가까이 결신 했고, 심지어 초청자가 1,000명이었던 교회에서는 860명이 그날 결신 했을 뿐 아니라 그날 결신을 안 한 분 중에서 그다음 주, 그다음 달에 계속 이어서 결신을 하고 있다는 놀라운 소식을 듣게 되었다.

나는 "860명이면 웬만한 교회 전교인 성도보다 많은 거 아니에요?"라며 기쁨과 놀라움을 감출 수가 없었다. 그리고 성령의 임재하심은 찬양에만 있는 것이 아니라 어떤 노래를 부르든 내 마음의 중심이 하나님께 향해 있을 때 임함을 깨달으며, 나는 주님 앞에 더 겸손히 무릎을 꿇게 되었고 그저 하나님께 영광을 올릴 수밖에 없었다.

계속되는 결신자의 놀라운 숫자를 들으면서 문득 이런 생각이 들었다. '나는 밖에서 훈련받아 안에서 쓰임 받는구나!' 하나님은 세상의 기업을 통해 풍성한 지원을 허락하시면서 내 공연 'WITH YOU'를 만들어 주셨고, 이를 통해 세상 사람과 음악으로 소통하고 공감을 나누는 방법을 알려주셨고, 최고의 팀, 델라벨라 밴드와 싱어즈를 구성해 주셨다. 그리고 교회로 들어가게 하셨고, 하나님의 나라를 확장하는 도구로 쓰임받게 하셨다.

밖에서 훈련받아 안에서 쓰임 받는 나를 발견하며 나에게 주어진 '세상의 화려함'은 나를 위함이 아니라 온전히 주님을 위한 것임을 고백하게 된다.

5. 만남의 축복

나이가 들수록 '사람은 절대로 혼자 살 수 없다'라는 걸 가슴 깊이 느낀다. 활동하면서 주변 사람들에게 많이 듣는 말이 "델라 네가 하면 무조건이지", "언니, 누나가 하자고 하면 무조건 달려가야죠"라는 말이었다. 신인 때는 섭외 연락이 오면 나 혼자 가서 노래했다. 하지만 얼마 지나지 않아 활동 영역이 점점 넓어지면서 내 팀인 델라벨라와 음향, 조명, 영상 등 무대 시스템 팀도 만들고 심지어 공연까지 제작하게 되면서 '멜로디컴퍼니', '사단법인 뮤직나눔' 회사까지 설립하게 됐다.

내가 팀을 만들어 활동할 거라고는.. 더욱이 회사까지 설립할 거라고는 상상조차 못했다. 그저 관객들에게 조금 더 좋은 무대를 선사하고 싶은 마음에 '밴드와 싱어즈'를 만들게 됐고, 나의 활동 영역이 커지다 보니 회사를 만들지 않으면 안 되는 순간이 자연스럽게 왔다. 노래 외 다른 것은 한 번도 해본 적 없는 내가 회사를 만들어 운영하고 있다니.. 그것도 안정적으로 잘 운영하고 있다는 것이 너무 꿈만 같다.

내가 대표로 있는 '멜로디컴퍼니'는 나뿐 아니라 성악팀, 기악팀, 뮤지컬팀, 재즈팀, 국악팀 등 다양한 팀이 함께하고 있다. 각 팀장은 모두 우리나라에서 활발하게 활동하고 있는 최고의 연주자들이자 내 친구들과 동생들이다. 모두 내가 하는 일이라면 무조건 하겠다며 달려와 줬다. 돌이켜보면 내가 사람들에게 부탁했을 때 거절당한 기억이 거의 없을 정도로 정말 많은 사람이 항상 달려와 줬다. 그리고 늘 재밌게 다툼도, 싸움도 없이 프로젝트를 하나씩 해나갔다. 그렇게 생각지도 않게 '멜로디컴퍼니'가 설립되면서 회사 대표이자 아티스트로 여러 장르의 음악 활동을 펼치고 있다.

코로나 때 '찬양 앨범'을 만들었고 또 다른 하나를 만들었다. 바로 내 유튜브 채널 '델라벨라 티비'다. 예전부터 팬분들이 유튜브 하라는 요청을 많이 하셨었다. 하지만 너무 바쁘게 움직이다 보니 유튜브 찍을 시간이 없었다. 그러다 코로나가 터지면서 모든 공연이 멈추게 됐고, 이때 유튜브 채널을 만들어야겠다고 마음먹었다.

내 친구이자 '델라벨라'의 피아니스트로 함께하는 성은이에게 제일 먼저 연락을 했다. 성은이의 대답은 늘 그렇듯 "델라 네가 하는 거면 무조건 함께지"였다. 그리고 '델라벨라'의 퍼커셔니스트 한샘이한테 연락했는데 한샘이 역시 "누나가 하자면 무조건 하죠"라며 오히려 두 사람 모두 내 유튜브를 자신과 함께하자고 해서 고맙다고 인사를 했다.

연주자가 결정됐으니 이제 촬영 감독님과 스텝들을 섭외해야 하는데 예전에 '델라벨라' 연습 스케치 영상을 만들어 주셨던, 지금은 '멜로디컴퍼니'의 영상 감독님이신 조성진 감독님과 허선이 팀장님이 생각 났다. 신기하게 그분들 역시 "선생님이 같이하자면 저희는 무조건 따릅니다"라며 흔쾌히 함께 해주실 뿐 아니라 오히려 나에게 영광이라며 고마워하셨다.

마지막 노래 믹싱 작업은 음반 〈WITH YOU〉 때 처음 만났던 내 동갑내기 친구 재용이가 "그래~ 좋지! 같이할게"라며 1초의 망설임도 없이 합류했다.

그 어떤 장애물도 없이 일사천리로 함께 할 스텝들이 구성됐고, 촬영할 우리들의 공간 '델라벨라 스튜디오'도 마련 됐다. 그렇게 우리들의 아지트 '델라벨라 스튜디오'에서 재밌게 촬영하며 코로나를 웃으면서 보낼 수 있었다.

어떤 길이 좋은 길인지, 누가 좋은 사람인지를 알 수 없는 상황에 놓일 때, 하나님은 늘 개입하셨다. 좋은 길은 열어주셨고, 가지 말아야 할 길은 닫아주셨고, 만나야 할 사람은 관계가 이어질 수 있게 하셨고, 만나지 말아야 할 사람은 관계가 자연스럽게 끊어지도록 인도해 주셨다.

가진 것도 없고, 누구 하나 아는 사람 없었던 내가 여기까지 소프라노 신델라로서 온 것도 감사한데 아무것도 모르는 내가 회사 대표로, 사단법인 이사장으로, 델라벨라 리더로 여기까지 올 수 있었다는 게 너무 신기하고 믿겨지지가 않는다. 이 모든 건 이사야 43:19의 말씀처럼 광야에 길과 사막에 강을 내시는 하나님께서 내게 부어주신 만남의 축복 덕분이었다.

6. 너는 날 위해 무엇을 했니

2022년 1월 1일 새벽 '송구영신 예배'를 드리고 침대에 누워 있는데 하나님이 좋은 것들로 내 삶에 축복을 부어주셨음이 너무 감사하다는 생각이 들었다. 코로나로 인해 모든 공연이 다 닫혀있었던 시절, 유일하게 열려있었던 곳이 방송국이었는데 갑자기 라디오 TBN 〈박철의 방방곡곡〉에서 '신델라의 클래식 델라랜드' 고정 코너를 맡아 달라는 요청이 들어왔고, KBS, CTS, 극동방송등 출연하며 방송으로 어려운 시기에도 바쁘게 지낼 수 있었다.

찬송가 앨범과 유튜브 채널 '델라벨라 티비'를 통해 팬들과 소통이 멈춰지지 않을 수 있었고 또한 논문을 쓰며 단국대학교 대학원 문화예술학과에서 국내 제1호 크로스오버 음악 박사학위를 받았다.

1년을 뒤돌아보고, 내 삶을 되돌아보니 좋은 것으로 가득 채워주신 하나님의 은혜가 이루 말할 수 없었다. 그렇게 나는 "하나님 감사합니다, 감사합니다" 혼잣말을 하고 있었는데 갑자기 이런 마음이 들었다. 나도 언젠가 하늘나라에 갈 거고, 하늘나라에 가면 당연히 하나님을 만날텐데.. 그런데 그때 하나님이 "델라야, 나는 너에게 이렇게 좋은 것들을 줬는데 너는 날 위해 무엇을 했니?"라고 물어보실 것만 같았다. 그리고 그 물음에 나는 할 말이, 할 말이.. 없을 것만 같았다. 그날 이후 내 마음에 '너는 날 위해 무엇을 했니'라는 물음이 계속 울림으로 다가왔다. '넌 날 위해 무엇을 했니' '넌 날 위해 무엇을 했니' 그 물음에 내가 어떤 대답을 드려야 할까?..

나는 그에 대한 대답을 찾아야만 했다.

'내가 하나님을 위해 무엇을 할 수 있을까!..' 고민하던 중 갑자기 하나님만 바라보며 시골에서 사역하고 있는 미자립교회 목사님과 사모님이 생각 났다. 성도님들이 5~10명 밖에 없는 미자립교회를 찾아가 목사님과 사모님이 좋아하는 찬양을 중심으로 '찬양콘서트'를 해 드려야겠다! 그리고 세상에서는 프리마돈나로서 많은 분에게 대접받으며 활동하고 있지만 이날 만큼은 헌금도 바치고, 선물도 드리면서 그야말로 하나님 한 분만을 바라보며 섬기는 시간을 가져야겠다는 생각이 들었다.

문제는 '미자립교회' 선정이었다. 요즘 워낙 이단이 많아서 마음만 갖고 할 수 있는 사역은 아니었다. 나는 'CTS 7000 미라클'의 작가님에게 연락을 드려 사역에 대한 설명을 드리며 도움을 요청했고, 작가님은 좋은 교회를 추천해 주시겠다며 내 사역을 응원해주셨다.

나는 첫 사역인 만큼 부담스럽지 않게 서울, 경기권으로 추천해 주시길 부탁드렸다. 작가님은 세 군데 정도를 추천해 주셨는데 지나가는 말씀으로 "거리만 가까우면 윤광흠 목사님의 화성교회 먼저 가시면 좋을텐데.." 하시는 거였다. 나는 "혹시 CTS 가을 위크에 같이 출연했던 목사님 아니예요? 당연히 그 교회부터 가야죠."라고 천진난만하게 대답했다. 뒤에 어떤 일이 벌어질지는 꿈에도 모른 채.

작가님은 교회가 좀 멀고, 산 쪽에 있어 길이 구불구불하다며 걱정을 살짝 하시길래 나는 속으로 '화성이 멀면 얼마나 멀겠어.' 생각하며 화성교회로 가겠다고 당차게 말씀드렸다.

윤목사님은 내가 간다는 소식에 너무 기뻐하시며 바로 전화를 주셨고, 나는 "서울에서 몇 시간 정도 걸릴까요?" 여쭤봤더니 3시간 정도 걸린다고 하셨다. 나는 속으로 '교회가 얼마나 높은 산에 있길래 화성까지 3시간이나 걸리지?' 생각하며 주소를 문자로 받았는데 이게 어떻게 된 걸까.. 경기도 화성이 아니라 충북 옥천군의 화성이 아닌가!

나는 분명 첫 사역이기 때문에 무리하지 않고 서울, 경기를 중심으로 시작하려고 했는데 충북 옥천이라니.. 사역이기에 매니저도 없이 내가 직접 운전하고 가야 하는데 옥천까지 어떻게 운전을 하지? 순간 가슴이 덜컥 내려앉으며 막막해졌다. 하지만 내가 간다는 소식에 한껏 들떠있던 목사님의 목소리가 귓가에 잔향처럼 남아있어 차마 거리가 멀어 다음에 가겠다는 연락을 목사님께 할 수가 없었다.

그때 불현듯 마음속에서 '어디 네가 가고자 하는 곳에 가려 하느냐, 내가 가라고 하는 곳에 가야지'라는 생각이 떠올랐다. 나는 "아이구, 내 꾀에 내가 넘어갔지." 중얼거리며 한참을 웃었다.

델라벨라 밴드 마스터이자 나의 동역자인 주연 선생님과 첫 사역을 충북에서 시작하다 보니 다음 사역지는 어디가 되든 겁이 나지 않았다. 그 중 기억에 남는 또 한 교회는 서산 '보혈교회'이다. 권오임 목사님이 남편 장로님과 함께 사역하는 교회인데 성도가 8명 정도밖에 없으셨다. 대부분 연세가 많이 드신 꼬부랑 할머니들이셨다. 2022년 4월 사역으로 처음 찾아갔던 교회였고 2023년 다시 찾아갔는데 그때는 성도님들이 5명으로 줄어있었다. 어르신들이 하늘나라에 가셨거나 아프셔서 교회를 나오지 못하게 된 것이다. 그럼에도 목사님은 하나님만 바라보고 힘있게 기도하시며 목회를 하신다.

이 사역을 하면서 내가 하나님께 받은 선물이 있다. 바로 나를 위해 중보해 주시는 목사님들을 만났다는 거다.

어려운 일이 생길 때마다 기도 요청을 드리면 용사처럼 앞장서서 나를 위해 기도해주시는 미자립교회 목사님들은 내가 높은 벽을 만났을 때 뛰어넘을 수 있는 큰 힘이 되어 주신다.

7. 찬양콘서트, 국립극장에 서다

2023년, 쉼 없이 단독콘서트를 하며 달리고 있었다. 리허설을 하기 위해 무대에 오르는데 여느 때와 똑같이 화려하게 꾸며져 있는 무대가 그날따라 갑자기 눈에 확 들어왔다. 그리고 문득 내 단독콘서트의 화려한 무대를 우리 하나님께 올려드리고 싶은 마음이 들었다. 그날 이후 나는 교회와 기독교 방송국에서 받은 게런티를 고스란히 모아 하나님께 올려 드리는 '찬양콘서트'를 제작해야겠다고 다짐했다.

바로 공연할 극장을 찾기 시작했다. 사실 나는 그 흔한 귀국독창회도 한번 안 하고 지금껏 늘 공연 초청을 받았었기에 극장 대관에 대해서는 전혀 아는 지식이 없었다. 기획사를 하는 후배에게 물어봤더니 극장 홈페이지에서 대관 신청을 하면 심사를 통해 공연이 선정된다고 했다. 바로 '예술의전당', '세종문화회관' 홈페이지부터 들어갔는데 이미 정시 대관은 다 마감됐고, 수시대관도 접수 기간이 아니었다.

이번엔 국립극장 홈페이지를 들어갔다. 사실 국립극장은 국립이라는 성격상 종교 행사를 하는 것이 거의 불가능하기에 마음을 비우고 홈페이지를 클릭했는데 하반기 수시대관 접수 공고가 눈에 들어왔다. 수시대관은 정시 대관을 하고 펑크가 난, 남은 날짜를 대관하는 것이기 때문에 대관 날짜도 내가 원하는 날이 아닌 펑크 난 날 중에서 선택해야 하고, 뿐만 아니라 대관 날짜도 정말 몇 개 나오지 않기 때문에 경쟁률 또한 엄청났다.

'찬양콘서트' 이기에 수, 금, 주일은 피해야겠다고 생각하며 수시대관 가능한 날짜를 살펴보니 10월 23일 딱 하루 있었다. '만약 우리나라 최고의 극장인 국립극장에서 찬양콘서트를 할 수 있다면 이보다 더 멋진 일이 어디 있을까!' 가슴이 두근거리기 시작했다. 대관 접수를 하기 위해서는 서류 작성을 해야 하는데 서류에는 공연에 대한 취지와 목적, 연주자 프로필, 프로그램 그리고 주최 주관사 소개 등을 서술하라고 써 있었다.

'찬양콘서트'를 하겠다고 막연하게 생각만 했을 뿐 공연 타이틀도, 프로그램도 아직 아무것도 계획된 것이 없었기에 어떻게 써야 할지 막막했다. 무엇보다 국립극장에서 과연 '찬양콘서트'를 할 수 있을까? 라며 드는 의문은 대관 접수를 하는 것이 과연 좋은 건지, 괜히 시간 낭비하는 건 아닌지.. 망설이게 했다. 하지만 망설임도 잠시, 우리나라 최고의 극장에서 하나님께 올려드리는 '찬양콘서트'를 하고 싶다는 그 소망 하나만 가지고 서류를 쓰기 시작했다.

타이틀은 〈신델라의 HYMN있는 콘서트〉로 잡았다. HYMN은 찬양이란 뜻인데 발음이 '힘'이기에 찬양(HYMN)이 있는 콘서트 그리고 주님이 주시는 힘(POWER)이 있는 콘서트라는 두 가지의 뜻을 담았다. 공연에 대한 취지와 목적, 프로그램을 적는 란에는 서류 통과를 위해 직접적으로 '찬양콘서트'라는 종교적 성격을 드러내기보다는 클래시컬 크로스오버 콘서트에 찬양을 함께 하는 듯한 느낌으로 쓰는 것이 유리하지 않을까? 고심을 많이 했다. 그렇지만 불현듯 '내가 뭐 나쁜 일 하는 것도 아니고 하나님을 찬양하겠다는 건데 심사에서 떨어질까봐 그게 두려워 애둘러 서류를 쓰는 건 아니지'라는 생각이 들었다.

나는 당당히 공연 취지와 목적의 첫 줄에 '소프라노 신델라의 찬양 콘서트'라고 적었다. 그리고 프로그램에도 내가 좋아하는 찬양들로 가득 채웠다.

그야말로 정공법을 선택한 것이다. 서류를 완성한 후 나는 혼잣말로 "이 서류가 만약 합격 되면 이건 정말 기적이다. 국립극장에서 찬양콘서트를 한다면 이건 정말 하나님이 베푸신 기적이야"라며 접수 완료를 눌렀다. 그리고 부모님에게도 "만약 합격 되면 이건 정말 기적이야"라고 말씀을 드렸는데.. 세상에.. 진짜 기적이 일어났다. 〈신델라의 HYMN있는 콘서트〉가 10월 23일 '국립극장 달오름 극장'에서 공연할 수 있다는 연락을 받게 된 것이다. 대관 심사 합격 소식을 듣자마자 "말도 안돼! 진짜 기적이 일어났어!!"라며 어린아이처럼 소리

지르고 기뻐 깡충깡충 뛰었던 기억은 아직도 생생하다.

　미리 잡힌 다른 공연들로 스케줄이 너무 바빴지만 '찬양콘서트'를 최우선으로 놓고, 신나는 마음으로 델라벨라 밴드 6명, 싱어즈 4명 그리고 음향, 조명, LED, 영상 감독님들에게 10월 23일 국립극장으로 총출동 해야 한다며 연락을 했다. 내가 지금껏 무대에서 쌓아왔던 모든 경험을 다 녹여 공연을 구상하고, 프로그램을 짜고 편곡하고 영상까지 만들며 그야말로 1시간 30분을 온전히 하나님께 바치기 위해 정성껏 준비했다.

　그리고 그 어떤 협찬이나 광고, 티켓판매 없이 내가 그해 1월부터 8월까지 교회와 기독교 방송국에서 받은 게런티를 모아 오롯이 하나님께 헌금처럼 바치는 콘서트를 직접 제작했다. 초대권은 오픈되자마자 전석 매진이 되었고, 방송 홍보도 하기 전 이미 초대권이 모자라서 기독교 방송 시청자들에게 드리려고 빼놨던 이벤트 초대권을 다시 회수하는 웃지 못할 해프닝까지 벌어졌다.

　공연 연습을 하며 알게 된 놀라운 사실은 밴드와 싱어즈 10명 중 한 명 빼고 모두 모태신앙 크리스천이었고, 다들 신앙의 명문 가정으로서 목사님, 선교사님, 장로님 가정의 아들, 딸이었다. 놀랍게도 음악하는 주님의 자녀들이 '델라벨라'라는 이름으로 모여서 함께 활동하고 있었던 것이었다.

공연 1시간 전, 국립극장 로비에는 사람들로 가득 찼다며 현장 상황에 대해 연락을 받았다. 초등학교, 중학교 시절 다녔던 예수사랑교회 (당시 온누리교회) 김진하 목사님과 성도님들은 어린 시절 나를 기억하며 버스까지 동원해 오셨고, 고등학교 때 만났던 조근흥 목사님과 그 시절 함께했던 고등부 친구들 그리고 온누리교회 대학부 시절 친구들까지 오면서.. 어린 시절부터 지금까지 신앙생활을 함께했던 교회 분들을 비롯하여 내 팬들과 하나님을 믿지 않는 분들까지.. 빈 자리없이 공연장을 가득 채워주셨다.

평소 나와 델라벨라는 모든 공연에 올라가기 전 하나님께 먼저 기도를 드리고 무대에 오르는데, 이날도 다 같이 내 방에 모였다. 그리고 "오늘 이 공연은 내 인생 처음으로 내 돈으로 만든 공연인데.. 이 공연은 하나님께 바치는 내 인생에 있어 제일 중요한 공연 중 하나야. 모두 함께 해줘서 고마워. 신나게 우리가 받은 달란트로 하나님께 영광을 올려드리자"라며 기쁨의 기도를 드렸다.

드디어 7시 30분! 화려한 조명과 LED 영상, 카메라가 켜지며 밴드와 싱어즈의 오프닝 연주가 시작됐다. 그리고 객석을 가득 채워주신 관객들의 힘찬 박수와 환호를 받으며 나는 무대에 섰다.

유학 가던 첫날, 비행기 안에서 하나님께 쓴 내 편지 중 일부를 발췌해 영상으로 띄웠다. '하나님.. 내 인생의 전성기를 하나님께 바칠 수 있게 해주세요. 내 목소리가 전성기일 때 세상이 아닌 하나님을 위해 노래하는 성악가가 되길 소망합니다.'

어린 시절부터 기도했던 그 기도가 이루어지는 순간이었다.

이날 공연은 첫 곡부터 마지막 앵콜송까지 그야말로 '하나님께 영광'이라는 6글자로밖에는 표현할 수가 없었다. 공연장에는 안 믿는 분들도 많이 오셨는데 이분들이 공연 후 사인회 때 내 찬송가 앨범을 들고 오셔서 "저 이번 주부터 교회 나가려구요"라며 말씀해주셨다.

하나님의 놀라운 역사에 감동하며 나는 "진짜요? 너무 잘 됐네요. 꼭 교회 가세요. 하나님 믿으세요"라며 반가움을 감추지 못했다. 나와 델라벨라, 무대 스텝들을 비롯해 오신 모든 관객까지 그야말로 하나님이 주신 기쁨을 이기지 못한 채 뜨거움이 넘쳤던 찬양콘서트였다.
관객들의 반응은 다양했다.

"공연 보면서 그대로 천국 가면 좋겠어요"
"여기가 천국인 줄 알았어요"
"부흥회는 보통 3일씩 하는데 이틀, 삼 일째 공연은 언제 하죠?"
"지금껏 그 어떤 '찬양콘서트'보다 최고였어요"
"하나님의 살아계심이 느껴지는 공연이었어요"
"다음 '찬양콘서트'는 언제인가요?"

벌써 지난 얘기지만 국립극장이 떠나가도록 찬송가 '성령이 오셨네'를 온 관객이 손뼉 치며 떼창을 불렀던 그때 그 기억, 그 흥분은 아직도 잊을 수 없다. 이 모든 것이 주님의 작품이었다.

8. 따뜻한 음악을 세상에 나누다

기자님들과 인터뷰 할 때, 첫 질문이 "본명이세요?"로 시작된다면 마지막 질문은 "앞으로의 계획은요?"로 끝맺어진다. 그럴 때마다 나는 "계획이요? 잘 모르겠어요. 저는 계획을 잘 안 세우는 것 같아요. 사실 어떻게 해야지~ 하며 계획을 세워서 여기까지 온 것도 아니고, 그저 물 흐르듯 자연스럽게 여기까지 왔거든요. 앞으로 어떤 일이 펼쳐질지 모르겠지만 지금처럼 제 삶에 최선을 다 하려구요" 아무것도 없었던 내가 여기까지 올 수 있었던 건 그야말로 내 삶을 이끌어주신 하나님의 인도하심이었다.

세상에서 넘치는 사랑과 박수갈채를 받으며 화려하게 활동하고 있는 내 모습을 보며 문득 너무 감사하단 생각이 들었고, 지금껏 내가 받은 사랑을 조금이나마 관객들에게, 사회에 돌려주고 싶다는 생각이 들었다. 음악은 사람의 마음을 움직이는 힘이 있다는 걸 누구보다 잘 알기에 '따뜻한 음악을 세상에 나누다'라는 모토를 가지고 지정기부금 단체인 '사단법인 뮤직나눔'을 만들었다.

사단법인 승인과 지정기부금 단체 선정이 워낙 까다로워 보통 저명한 명사분들을 이사장, 이사로 모셔와야 한다고 주변에서 조언해줬지만 나는 나와 함께 따뜻한 음악을 함께 나눌 수 있는 친구들을 임원으로 초빙함으로써 뮤직나눔 임원 등기에는 저명한 인사분들이 아닌 '델라벨라', '멜로디컴퍼니' 멤버들로 구성되어 있다.

2023년 지정기부금 단체로 선정되며 활동을 시작한 '뮤직나눔'은 크게 교육사업과 공연사업으로 나뉘어 있다. 교육사업은 어린이 합창단과 뮤직나눔 스쿨로 이루어져 있다.

황재명 담임목사님의 생명의 길 교회에서 '뮤직나눔'의 어린이 합창단 〈노래하는 아이들〉을 2023년부터 계속 후원을 해주심으로 합창단 아이들이 매주 토요일마다 영어와 노래를 무료로 배우고 있으며 교회 성도님들의 헌신으로 점심과 생일파티까지 아이들이 즐겁게 누리고 있다.

놀라운 건 산만하거나 어두웠던 아이들이 노래를 통해 밝고 자신 있는 모습으로 바뀌며 성장하고 있다는 것이다. 2025년부터는 〈춤추는 아이들〉까지 새롭게 창단되어 이 역시 생명의길 교회 후원으로 아이들이 누리고 있다.

〈뮤직나눔 스쿨〉은 2023년부터 대교 그룹의 청소년 문화재단의 후원으로 운영하고 있는데 음악에 재능이 있거나, 어려운 환경에 있는 10명의 학생을 선발해 장학금을 전달하고, 음악 선생님을 연결해 줌으로 학생들이 매주 레슨을 받으며 꿈을 펼칠 수 있도록 직접 도와주고 있다.

공연사업은 〈뮤직나눔 사랑나눔 콘서트〉와 〈찾아가는 뮤직나눔 음악회〉로 나뉜다. 먼저 〈뮤직나눔 사랑나눔 콘서트〉는 내가 그동안 공연했던 작품들 〈WITH YOU〉, 〈클래식 어린이 놀이터〉, 〈신데렐라와 친구들〉 등 최고의 퀄리티를 자랑하는 컨텐츠들을 뮤직나눔으로 가지고 와, 공연을 접하기 힘든 소외된 이웃들을 콘서트홀로 초대해 음악으로 힐링을 주고자 만든 공연이다. 많은 기업이 후원해 주시며, 영화의 전당, 소월아트홀, KT&G 상상아트홀, 안양아트센터, 해운대문화회관 등에서 펼쳐진 공연은 모두 전석 매진이라는 기록을 세웠다.

〈찾아가는 뮤직나눔 콘서트〉는 보육원, 치매 노인센터, 병원, 다문화센터, 장애인 복지관 등 어려운 이웃들을 직접 찾아가는 콘서트이다.

"선생님, 우리 아이들이 선생님 공연을 보고 난 후 밝아졌어요."
"선생님, 센터 어르신들은 하루하루 다운되어 가시는 분들이라 기분 좋은 일이 하나도 없으신데 선생님 다녀가신 후로 신기하게 다들 기분이 좋으세요."

공연 후 후기들을 보고 들으면서 음악의 힘을 새삼스레 느끼고 있다.

'뮤직나눔'을 통해 어려운 이웃을 긍휼히 여기며 도와주라고 말씀하신 예수님의 사랑을 세상에 조금이나마 전하고 싶다. 하나님이 나에게 주신 달란트, 목소리를 통해 하나님께 영광을 올려드리며 세상에 하나님의 기쁨을 전하고 싶다. 앞으로 내 인생에 어떤 일이 펼쳐질지 모르겠지만 따뜻한 음악을 세상에 나누며 하나님의 딸로서 소명을 감당하고 싶다.

나는 크로스오버 음악이 어떤 음악인지도 몰랐었다. 또한 찬양 앨범을 내고, '찬양콘서트'를 하고, '미자립교회'를 섬기고, 일본 열도를 향한 하나님의 사랑을 전하는 온누리교회 '러브소나타'를 위해 일본에서 공연을 하고.. 이렇게까지 적극적으로 하나님의 사역을 할 거라고는 생각지도 못했다.

'TEAM 델라벨라'를 만들고 '멜로디컴퍼니'와 사단법인 '뮤직나눔'을 만들고.. 더욱이 책까지 쓸 거라고는 상상도 못했다. 무엇보다 책 제목을 놓고 고민할 때, 내 음악을 좋아하는 분 중 안 믿는 분도 많으니까 그들에게 쉽게 다가갈 수 있게 제목에서는 하나님에 대한 느낌보다는 자서전에 가까운 느낌으로 만들고 싶었는데 "하나님은 그냥 하나님이에요!"라며 하나님을 직접적으로 한 번도 아닌 두 번이나 언급하는 타이틀이 나올 줄은 꿈에도 몰랐다.

하나님이 앞으로의 내 삶을 어떻게 이끄실지 모르겠지만..

하늘나라에서 하나님이 나에게 "넌 날 위해 무엇을 했니"라고 물으실 때 할 말이 없어 당황해하는 것이 아니라, 그저 아빠, 엄마가 좋아 조잘조잘 얘기하는 현실 속 내 모습처럼.. "제가 하나님을 위해 이런 일을 했어요~"라며 천진난만하게 활짝 웃으며 하나님께 얘기하는 천국에서의 내 모습을 상상하며 소망해 본다.

에필로그

원고를 탈고하기 전, 쓴 글을 처음부터 다시 읽어봤다. 내가 겪은 나의 이야기를 썼음에도 불구하고 읽으면서 '하나님의 축복이 엄청났구나!' 새삼 놀라면서 감사했다.

그러면서 문득 이런 생각이 들었다. 이 축복이 내 인생 마지막 날까지 ~ ing형으로 계속 이어져야 할 텐데.. 어린 시절, 젊은 시절, 한때 누렸던 축복의 조각들이 아니라 평생을 하나님과 동행하며 살았던 에녹처럼 나도 하나님과 동행하며 마지막까지 축복을 누리다가 하늘나라에 가기를 기도한다.

책을 읽으며 그동안의 일이 뇌리에 스쳐 지나갔다.

2021년 새해에 CTS 〈내가 매일 기쁘게〉에 출연하고 며칠 후, 내가 받은 하나님의 축복에 관한 이야기를 책으로 써서 세상에 나누면 좋을 것 같다는 한 통의 전화가 그 방송을 시청한 모 장로님으로부터 걸려왔다. 나는 그 제안이 막연했지만, 선뜻 대답해버리고 말았다.

'과연 내가 책을 쓰는 게 맞는 걸까?' 그동안 수많은 생각과 걱정 그리고 바쁜 스케줄로 책을 쓰는데 무려 4년이란 시간이 걸렸지만, 이제는 모든것을 하나님께 맡기며, 이 책을 통해 이끌어가실 주님의 섭리를 바라본다.

또한 '내가 부르면 무조건'이라며 언제든 한걸음에 달려와 주는 나의 TEAM '델라벨라'

무대에서 나를 반짝반짝 빛나게 해주는 '델라벨라 밴드' 주연쌤, 성은, 한샘, 진규, 석한, 상원, 요셉, 유성, 수유, 진환, 호용, 윤경 언니, 리나, 유진이.

무대에서 나를 든든하게 받쳐주는 서울대 성악과 후배들 '델라벨라 싱어즈' 효범, 대천, 배윤, 영준, 은원, 길용이.

최고의 무대가 펼쳐질 수 있게 안 보이는 곳에서 애써주시는 '델라벨라 어벤져스' 음향, 조명, 영상, 무대 감독님과 스텝들.

그리고 빼놓을 수 없는 우리 '멜로디 패밀리' 조성진 감독님과 허선이 팀장님, 재용이와 미혜.
　이들은 분명 하나님이 나에게 보내준 선물이자 축복임을 누구보다 잘 알기에 우리 팀에 대한 소중함과 감사함은 더욱 크다.

　이 책이 나오기까지 수고해주신 출판 관계자분께 감사드리며, 끝으로 나의 소중한 보물 1호인 우리 가족에게 사랑의 마음을 전한다.

　〈하나님은 그냥 하나님이에요!〉를 읽는 모든 독자분이 이 책을 통해 살아계신 하나님을 만나며, 주님의 축복이 함께하길 기도드린다.

　모든 영광 하나님께 올려 드리며..

　믿음의 가정에서 태어나 어린 시절부터 지금까지 드리는 가정예배를 통해 믿음의 반석 위에 굳건히 서며 지금껏 단, 한순간도 세상 헛된 우상을 찾지 않고 오로지 하나님의 딸로 살아갈 수 있음이 내가 받은 가장 큰 축복임을 감사로 올려드린다.

- 신델라

'하나님은
 그냥 하나님이에요'

초판발행일 | 2025년 8월 25일

지 은 이 | 신델라
펴 낸 이 | 배수현
디 자 인 | 천현정
제   작 | 송재호
홍   보 | 배예영
물   류 | 이슬기
문   의 | 안미경

펴 낸 곳 | 가나북스 www.gnbooks.co.kr
출 판 등 록 | 제393-2009-000012호
전   화 | 031) 959-8833(代)
팩   스 | 031) 959-8834

ISBN 979-11-6446-078-6 (03230)

※ 가격은 뒤표지에 있습니다.
※ 잘못된 책은 구입하신 곳에서 교환해 드립니다.